秒懂传达力

[日] 岩田松雄 著　刘格安　黄薇嫔 译

北京日报出版社

前 言

**无论身处何种情况、何种人际网络，
只要具备"传达力"，就一切好谈！**

笔者曾有幸出任日本美体小铺、日本星巴克等三家企业的社长。若单从经历来看，或许你会觉得我是一个"很厉害的人"。

不过，若你听过我的演讲，你可能会感到非常惊讶，怎么眼前这个"平凡的中年大叔"跟印象中那个"精明干练的商场老将"差这么多？对于这种反应，我个人既感到尴尬又莫名地开心。

没错，我是一个"极平凡的中年大叔"，既没有天赋异禀，也非名门出身。连一辈子只有一次的结婚典礼，都被受邀致辞的棒球社学长说："岩田这个人最大的特点就是没有特点。"我至今仍然记得当天我是何等的失落啊。

如此没特点的我能够走到今天这一步，深深觉得除了自己运气好之外，还要感谢前辈、同事、下属、客户及老板给予我的帮助，以及我和这些人之间相对顺畅的沟通模式。

自从大学毕业进入日产汽车服务行业以来，我在多个公司积累了许多工作经验。

三十七岁那年，我转换跑道到外商顾问公司；三十八岁进入日本可口可乐公司。

四年后，我再度转至以大头贴机器而闻名的电玩制造商 ATLUS[1] 任社长一职。其后在四十七岁时，成为日本美体小铺代理商 AEON[2] FOREST 社长。五十一岁时成为日本星巴克的社长。

乍看之下，我的职业生涯似乎一帆风顺，但实际上我也曾为了工作上的沟通问题伤透脑筋。例如：为了自己和上司之间的关系烦恼到快要神经衰弱；成天担心如何把握与外籍上司之间的互动；成为社长之后，也曾被谣言中伤。

---

1 ATLUS：ATLUS（阿特拉斯）是日本著名的游戏制作公司，是日本国民级 RPG《女神转生》的制作会社，所以人称女神社。
2 AEON：AEON 是日本一家大型零售公司，它的中文名称是日本永旺株式会社。

正因为有过这些惨痛的经验,我才开始努力改善与他人的说话方式、提问方式和相处方式,并彻底运用在人际关系之中。

当我们想传达某项信息时,内容——当然是最重要的部分。

不过,在这个时代,人们关注的焦点,似乎已从**"说话的内容"转变为"说话者的身份"。**

于是我深刻地体会到一件事:当一个人想要传达某项信息时,他的人品、经历或理念等来自说话者的人格特质,这些都是沟通中相当重要的因素。

此外,沟通时的**"传达方式"**也相当重要。

其中最基本的观念就是选择对方容易理解的传达方式。例如:先说结论、先说好听的话或一封信只传达一个重点等。

"告知"和"传达"是两个完全不同的概念。

单方面的告知并不是真正的沟通,因为只有告知某项信息,并为对方带来某些影响,信息才算是确切地传达出去了。

再优秀的人,都必须让周围的人理解自己内心的想法或渴望达成的心愿，才有可能成就事业。若按照这样的逻辑，或许可以说——基本上，沟通就等同于领导能力的发挥。

人们常说，一位好的领导者必须懂得兼顾"情"和"理"，其实沟通也是如此。"好的沟通"必须在"情"和"理"之间取得平衡，**"情"代表的是话中带有的人情味，"理"代表的是对方容易理解的传达方式**，懂得兼顾两者是很重要的。

所以，我希望在本书接下来的内容中，对那些积极地在工作上追求表现的人，谈一谈何谓兼顾"情"和"理"的传达方式。

岩田松雄

目 录

Chapter 1　说话者的价值，决定了传达效率
——未来人才必须懂的沟通法则

01　"告知"和"传达"是不同的两件事　002

02　介绍自己的经历，对方会更快信任你　014

03　表里如一，对方才不会阳奉阴违　021

04　用真心实意打动对方　028

05　最快的传达是自己先付诸行动　036

Chapter 2　越亲近的人，越能懂你的意思
——如何才能打动对方？

06　每天一句问候语　044

07　说话之前请三思　051

08　倾听是有效传达的第一步　057

09　我们都喜欢对"专程来听自己说话的人"说话　064

10　正面思考的人更有人缘　071

Chapter 3　让对方"秒懂你"的沟通法则
——表达方式决定人际关系的好坏

11　把心力投注在"一对一"交流　078

12　随时把"状况、对象和内容"放在心上　084

13　使用"对方惯用的语言"　091

14　用正面话题开场　099

15　能让人成长的传达技巧　103

16　哪些话必须谨慎使用？　110

Chapter 4　个人修养在人际关系中的重要作用
——为何有些人的人缘好，有些人的人缘差？

17　少了谦虚之心，就无法看到事物的本质　124

18　培养"逆商"，战胜挫折　130

19　与上司的相处之道　136

20　饭局里的"潜规则"　140

21　阅读经典著作，提升修养　145

22　"魅力"指标　154

Chapter 5　一颗真心，比万千技巧更能传达到对方心里
——你的想法一定能够传达到对方心里

23　模仿你尊敬的人，提升传达力　160

24　不仅要传达"做什么"，还要传达"为什么做"　169

25　"使命感"激发共鸣，对方更愿意帮你　176

26　拥有相同目标的人，将创造出强大的力量　182

Chapter 1

说话者的价值，决定了传达效率

—— 未来人才必须懂的沟通法则

我的一生，就是我想传达的信息。

—— 甘地（印度民族解放运动领导人）

「01」"告知"和"传达"是不同的两件事

所有问题皆由沟通而生

我曾担任过日本美体小铺和日本星巴克的社长。在我任职期间，两家企业都曾有门市发生短期内营业额大幅下滑的状况。经实际调查发现，最主要的原因都是由于沟通不良造成的人际关系问题。例如：店长与员工关系不和，或员工与员工之间的相处出了问题等。

任何一个组织内部都会面临层出不穷的问题，相信各位都能从个人的经验中察觉，其实大部分的问题都可以归咎于沟通效果不佳。

我在二十几岁的时候，也曾有过一段时间，为了自己和上司的关系烦恼到快要精神衰弱。在无法专心工作的情况下，人生简直陷入恶性循环的泥沼中。

随便一点误会或认知上的差异，都有可能造成感情上的嫌隙，有时甚至会酿成无法挽回的后果。

如今回想起来，我自从大学毕业进入日产汽车服务行业到现在，总共积累了三十多年的职场经验，历经无数部门及企业的洗礼，在人际沟通上一路跌跌撞撞，才走到今天这一步。

经过这么长一段日子以后，唯有这句话我敢笃定地说，那就是：**"告知"和"传达"是不一样的两件事。**

我认为应该有很多人在沟通这件事上吃足了苦头，其中一个原因便是无法理解"告知"与"传达"这二者的差异。因为无法理解其中的差异，而在沟通这件事上吃足了苦头，对吧？

事实上，不管是下达指令还是传递信息，单纯地告知对方是没有任何意义的，就算完成告知的动作，**倘若无法引起对方的共鸣，或无法产生任何影响，就不算是真正的告知。**

琢磨自己的用字遣词，决定谈话的先后顺序，讲话的音量要适中，简报的资料应该如何如何……

以上这些"表达上的技巧"当然也很重要。

但是，唯有在对方听取这些内容或信息以后，实际采取了某些行动，信息才算是真正地传达了出去。

这才是一切的起点。在沟通时必须先建立这样的观念。

在满肚子火地对员工或上司说出"为什么没做好我交代给你的事"或"我明明已经跟你报告过了，为什么还要把气出在我头上"这些话之前，我们必须先检视自己的说话或沟通方式，究竟是什么地方导致对方采取了什么样的具体行动，或出现任何的具体改变。

因为这并不是对方的问题，而是说话者自己的问题。

信息的价值取决于说话者是谁

近年来，由于网络的普及，我们可以轻易获取世界各地的信息。同时，任何人都可以随时通过各种渠道对外发表信息。

当今世界，信息就像空气一样，获取太容易。于是我渐渐发现：正因为身处在这样的时代，所以**"说话者是谁"反而比他说了"什么"还来得重要**。在过去的时代里，信息的价值在于其本身，掌握信息越多的人便越了不起，也会相应带来金钱上的报酬或社会地位的提高。甚至在十九世纪末期，任何能够把欧美的知识带进日本、翻译成日文的人，都有资格成为大学教授。

当时掌握了"信息"，就等于掌握了"价值"。

然而，这一套放在现代已行不通了。

掌握信息并不代表掌握"价值"。一项信息究竟能够带给人们什么样的哲理或思考方式？传达信息的人又是何方神圣？这些才是我们现在关注的焦点。

如果只是单方面地告知，总有一天会失去人们的关注。而且在未来，这样的趋势会越来越明显。

"如果是他的话就没问题！""如果是他说的话，我就相信！"……唯有成为这样的人，信息才能够真正地传达出去。

本人就是一个最直接的案例。

因为我曾经担任过美体小铺、星巴克等跨国大企业的社长，所以各位才愿意亲临我的演讲现场，或像现在这样阅读我的书籍。

第一次出书就有幸登上畅销榜，达到四十万本的销售量，我想也是因为有"星巴克前社长"的头衔为我做保证，才能够取得这样的成绩。

然而，这个头衔也有失灵的时候，那就是在本人回到家以后。每次我对我太太或儿子说话，都会被嫌弃"吵死了"或"晚点儿再说"。那是因为他们熟知我平常的样子。对我的儿子来说，我不过就是个"啰唆的老爸"而已。

因为我在家里只是个懒惰、任性又自以为是的大叔，所以他们随便一句"你在说什么啊"就能把我打发了。尽管如此,一旦遇到尊敬的前辈或师长,即使说的是同样内容,年轻人应该也愿意乖乖听对方说话吧。

这不禁让我想到:当人们在"传达"一件事情时,说话者本身的人格特质是否值得尊敬,将会产生天差地别的结果。

因此,说话者是"谁",比他说了"什么"更重要。

即使利用自己的地位要些"提高音量"或"软硬兼施"等招数,让对方暂时乖乖听话,也不代表自己的想法真的如实地传达出去了。

一个人的"人格特质"及"给予他人的印象",将会影响信息的传达效果。

唯有牢记这一点,才能够在沟通上建立强烈的信赖关系。

当一个好人比做好事更重要

号称"世界第一领导大师"的麦克斯韦尔(John C. Maxwell),曾对领导力下了这样的定义:领导力,就是影响他人的能力。

换句话说,传达某些信息让对方的行动产生变化,就是所谓的"领导力",而沟通可以说是领导力的一种体现,无论是对部属、晚辈,还是上司、客户、朋友或熟人,沟通都是领导力的一种体现。

在任何一种人际关系中,如何影响他人,也就是说如何通过"表达"让对方采取行动或做出改变,是非常重要的事。

相信大部分人都听过,简报式传达信息的方式中,内容这一因素的百分比只占了个位数,反而是态度、容貌、姿态和音量大小等因素占了百分之九十以上的影响。

也就是说,比起口语表达的"语言信息",人们更容易受眼睛所见的"非语言信息"的影响。

不过,这项数据最初的实验前提是有条件限制的,但人们容易只从结论断章取义。过去,我也曾在看了某本书后对此深信不疑,但后来逐渐察觉到,像这样过于表面的数据只会得出过于浅薄的结论。

事实上,真正能够影响他人的是说话内容,以及说话者的人品。

在对说话者缺乏信赖感的前提下,听众是不会采取实际行动的。

"把简报的技巧学以致用!"

"说话的时候记得嘴角上扬,保持微笑!"

"领带一定要选红色的喔!"

类似这种过于表面的技巧,虽然多知道一点儿也不会有什么损失,但那始终只是表面性的东西而已。

就像同样地传达一件事,有些人说的话会让对方产生"既然是他说的,那就姑且一试吧"的念头,进而采取具体的行动或作为;有些人说的话却让别人产生"那家伙说的话能听吗"这种想法,反而造成预期之外的反效果。

It is much more important how to be rather than how to do.

("怎么做人"比"怎么做事"更重要。)

这是经济学家凯恩斯曾经说过的话。

在"be"和"do"的后面加上"good",或许更容易理解吧。

It is much more important how to be good

rather than how to do good.

（当一个好人比做好事更重要。）

这个逻辑同样适用于对他人传递信息的时候。传递的信息内容固然重要，但传递信息者，将决定对方会受到多大的影响。换句话说，塑造一个什么样的"自己"才是最重要的事。其中必不可少的就是"情"或"德"等人格特质。

"情"是指的是人的感情，包含哭泣、欢笑、生气等所有情绪，亦即了解人性是非常重要的事。如果不了解人们会在什么情况下高兴、什么情况下伤心，就无法与他人亲近，也无法建立起强烈的信赖关系。

年轻时跌倒过次数越多的人，越能够解读人世间的各种感情。或许是因为自己也曾经痛过，所以才更能够体会"别人的痛苦"吧。

"德"则是指说话者的品德。根据《广辞苑》[1]的解释，"德"的意思是"施行善举的性格""感化他人的人格特质""对人体贴或待人诚实""为了他人而努力的无私之

---

[1]《广辞苑》：日本最有名的日文辞典之一。

心","德"代表的是生而为人应有的处世态度。

然而，当今世上却掀起一股讲究技巧或技术的风潮，一味追求"令人眼睛为之一亮的简报技巧"或"外表的重要性占九成"等这类浅薄的策略或数字。

当然这些东西也很重要，可是在未来的时代里，**人基本该具备的"情"或"德"，乃至于其他更为根本的事物，将成为被放大检视的焦点。**

不能只"动之以情"，也不能只"晓之以理"

某家公司的第二代社长是一位"突击型"的人物。他就像有钱人家的小孩买玩具一样，大手笔收购各式各样的公司，把头脑动到新兴产业上。

在发展一项新事业时，"强烈信念"等"情"是非常重要的部分。这位经营者在"情"方面是相当"重感觉"的人，他对底下的部属有没有工作的干劲，看得比什么都重要。

有一次，曾经担任过其他公司社长的运营部部长，特地来向这位社长报告一份经过分析的资料。"我们的目标在这里，但按照现在的状况估计，顶多也只能达到这个程度而已。"结果社长听了以后，气得一脚踹飞桌子，劈头就骂:"你不想干了是吧？那你现在就给我滚！"

"社长，我只是以过来人的经验实话跟您说，想让您先知道实际的状况而已。当然，填补这中间的差异是我的职责，所以我正在跟各事业部门商量，该如何才能达成目标。"

不过在发生了那件事情以后，该社长就开始冷落运营部部长，甚至给他降职处分，丝毫不明白"部属有没有干劲"和分析现状数字，完全是不同的两件事。

之后，勉强扩大规模的策略反而造成资金周转不灵，最后这家知名上市企业被规模较小的公司并购了。我真心认为：在这么情绪化的社长手底下工作的员工，实在是太委屈了。

这个例子或许极端了点儿，但从中可以学到一件事，**领导者不管是太过情绪化，还是理智得像个机器，都不是件好事。**

只用符合逻辑的"道理"是无法说服对方的。无论你准备了多么正确的资料，如果只会一味地"晓之以理"，有可能只换来一句："你说的都对，但很抱歉，我就是不喜欢。"从而遭到对方情感上的否定。

反过来说，如果被一个不太亲近的人"动之以情"，那么，就算听见对方说："算我求你了，就帮我一次吧！"内心恐怕也会觉得："你跟我什么关系，为什么我非得帮你这个忙不可呢？"

我有必要帮你做那件工作吗？对我来说有任何好处吗？尤其在顾问公司和金融机构等聚集很多"聪明人"的集团内，特别容易见到这样的场面。人们习惯以"对自己有没有益处"或是用"金钱"来衡量一件事情有没有执行的价值。

我发现传统社会有一种风气，就是认为越会读书的人越了不起，或者只要能够提高成绩的数字就够了。在学校的时候看考试成绩，进入社会以后就看能不能提高业绩，当然这些都是很棒的能力，但那些数字仅能代表一个人少部分的能力而已。

"情"或"德"等体贴他人的能力、诚实的个性、高瞻远瞩的能力，才应该是评价一个人最重要的指标。

正因为处在一个信息泛滥、瞬息万变的时代，我们才更需要懂得理解别人的心思、情绪和伤痛，如此才能获得他人的信赖，得到他人的肯定。

古人有云：德胜才谓之君子，才胜德谓之小人[1]。对此，著名的阳明学者，更被赞誉为"历代总理顾问"的安冈正笃先生认为，西乡隆盛[2]就是前者的代表，而胜海舟[3]则是后者的代表。

现在的你，又是何者呢？

---

1 德胜才谓之君子，才胜德谓之小人：语出《资治通鉴》，此书是一部编年体史书，作者司马光，北宋政治家、文学家。这句话的意思是：品德超过才能是君子，才能超过品德则是小人。
2 西乡隆盛：日本幕府时代末期的萨摩藩武士，是一位政治家。他与木户孝允、大久保利通是日本明治维新时期的三位维新派代表人物，被称为"维新三杰"。
3 胜海舟：日本幕府时代末期的政治家，曾留学美国学习海军军事，也是明治维新时期的重要人物。

02 介绍自己的经历，对方会更快信任你

说话者的所有细节都被看在眼里

为什么说话的人是谁，比他说了什么还重要呢？

比如说，日本读卖巨人队前职业棒球总教练长嶋茂雄先生，先不论他的总教练工作做得如何，单就一个技术指导的教练来说，我个人就认为他的言行举止太过情绪化，似乎不太适合从事指导的工作。"你就啪地上场！然后哐地打出去！"一般人如果听到这种描述，应该很难理解是什么意思吧？但这番话从长嶋先生口中说出来，似乎就没那么难理解了。

即便到了今天，依然有很多人是长嶋先生的粉丝。就算他出了什么纰漏，也无法因此而厌恶他的人格。因为他是个有"德"的人。

为了球队全力以赴打出好成绩，他偶尔还会表演一些滑稽华丽的动作来讨好粉丝。即使把自己的孩子忘在球场

上，或是把两只袜子穿在同一只脚上还四处寻找，大家还是因为了解他这个人的本性就是如此而死忠地爱着他。

所以，或许这就是为何球队选手和身旁的工作人员都肯"为了长嶋教练"齐心协力，让他得以以总教练的身份多次带领球队赢得优胜的原因吧。

通过言语完成的沟通只是"冰山一角"，人们真正看在眼里的，不管是领导者的人格特质也好，还是他的经验或实际业绩也罢，其实都没有我们想象中那么单纯。

在演讲的场合中，为了让听众了解我的过去，无论当天的演讲主题是什么，我都会先提起某些过去的经历，也就是我在大学毕业后，刚进日产汽车当业务员时期的事，以及我在从事顾问工作的过程中经历的种种挫折。

担任业务员那段期间，我每天都在外面见客户，曾经耐着性子听客户不断吹嘘自己的学历，也曾经被迫吞下一整根已经烂掉的香蕉。

尽管有这些不堪回首的经验，我依然努力地发出了两万张名片，最后这些努力有了成果，让我得以突破了前人的业绩纪录，也换来了社长奖的肯定。

那些专程来演讲会场听我谈论经营管理的人，或许会觉得"这个演讲者讲了好多无聊的事"，但我的用意其实是要让听众先认识我这个人。

我能够有幸坐上日本星巴克社长的位置，是因为我一步一个脚印、做了许多最基层的苦差事才换来的结果。

此外，我也曾经一边为了去美国的商学院进修而苦读英语，一边为了与上司之间的关系而烦恼不已，这些都是我的"背景"。

如果我不提这些过去，只告诉听众说："我在美国念完 MBA，后来成为知名游戏制造商 ATLUS 和日本美体小铺等企业的社长，还曾经担任过日本星巴克的社长。"这样听起来，或许就像是在自我吹捧而已。

光说这些光鲜的成功经历，一来无法让听众作为参考，二来也跟我实际走过的路大不相同。

我就像所有来听演讲的听众一样，因为体验过第一线的辛苦，所以才认为这些话题是有意义的。

换句话说，我这么做的用意是为了**介绍"能够在台上演讲的这个人"是"谁"**。

即使说的是同一件事，有没有告诉听众说话者的"背景"，也就是有没有让听众知道"曾经担任日本星巴克社长的人是个什么样的人"，我认为，这绝对会影响到演讲内容能不能够打动人心。

如何让对方卸下心防

最近有些读过本人著作的企业经营者，委托我替他们公司设定企业理念或发展策略。

首先，为了分析该公司的SWOT[1]，我会与董事会的所有人一对一面谈。同时也要求在面谈之前，让我先进行九十分钟左右的谈话，内容当然也包括自我介绍。

因为如果能在面谈之前，先让大家知道我是个什么样的人、我有过什么样的经历、我为什么要从事顾问这一行，我想，大家才不会对我有所防备。

请试想一下，如果今天有位陌生人来到你的公司，突然对你说："我是顾问公司的代表。请问你现在主要负责什么工作？你觉得公司有什么样的问题？"

你一定会对这个人产生戒心，甚至担心"自己该不会要被裁员了吧？"所以我才希望先聊一聊自己的事情，就算只有一小时或两小时也无所谓，至少要先让对方知道我是个什么样的人、我做过哪些事情、我对该公司的哪些理

---

[1] SWOT：是"strengths""weaknesses""opportunities""threats"四个英文单词的缩写，分别代表优势、劣势、机会、威胁。

念有相同的共鸣,然后再表明:"贵公司的社长因为有这样的想法,希望让公司更上一层楼,所以才找我来帮忙,希望各位能多和我分享一些公司内部的情形。"唯有这样,员工们才愿意向我开诚布公,讲述关于他们个人或公司内部的事情。

先向对方敞开自己,然后表明:"我希望为各位尽一些绵薄之力。"如此一来,对方才愿意敞开心胸,告诉我他们内心真正的想法。

谈论自己的背景,并聆听对方的背景。我认为这是沟通中最重要的环节之一。

考量对方的背景

比起一个人的头衔,我更想了解对方的背景,我在面试有工作经验者时,一向都抱持着这样的想法。

如果只看这个人毕业于哪一所大学、拥有哪些证书、之前的工作大约从事哪些方面做到哪个职位等这些从履历表就能看到的表面信息,而不去了解对方"为什么想在这家公司工作""为什么会走到这一步""为什么会辞掉前一份工作"等背景的话,根本无法判断这位面试者究竟是什么样的人物。

就算同样做到部长，也有各式各样的部长。那他究竟是从最基层一路升上来的那种呢？还是曾经担任顾问、在外商公司打拼过的那种呢？

如果只注意那些眼睛看得见的经历，而不探究对方的背景，就无法真正了解这个人，也无法明白对方在说话时，究竟隐含着什么样的意图。

所以我在面试的时候，一定会问对方几个问题，比如"你的优点和缺点是什么""请告诉我，在你目前为止的人生当中，最精彩的一段经历"，等等。

但即使如此，也不可能因此就完全了解一个人。要正确评价他人是一件非常困难的事。况且才经过几次面试，一次差不多只有一小时，当然不可能真正摸透对方。即便是我自己也有过多次失败的经历。

评价一个人最好的方式，就是听听曾经和他共事的人如何形容他。可以的话，咨询越多人的意见越好。

我面试过一位董事级的人，对方说他曾任职于某知名顾问公司，而且不需要提前预约就可以见到大企业的经营者。我相信了这番话，并决定雇用这个人。没想到他被录取之后，竟然完全不工作，在他的连累下我受了不少折磨。

后来我经过深入调查，这个人在之前的公司也是同样的行径。因为我在面试时未经确认就相信他的话，结果害得公司出现各类状况。直到现在我依然很后悔，如果我当初确实查证的话，就不会发生这样的事情了。

我听说近来也有很多人谎报经历。如果可以的话，最好尽量掌握对方的任何客观事实，而不要尽信对方的片面之词。有必要的话，甚至可以联络对方前公司的同事，尽可能全面地掌握对方的情况，以便更深入地了解他究竟是一个什么样的人。

"提问"和"倾听"是沟通的基础。**想要确实传达自己的意思，就必须先懂得提问，而提问的技巧，就是对他人说话的内容保持好奇心，并延伸出相关问题。**

在某些情况下，私下采证也很重要。

了解对方的"背景"是一件非常重要的事。唯有了解对方的背景，才有可能全盘接受对方的说法，从而踏出信赖的第一步。

或许有点绕远路之感，但唯有如此，人与人之间才能培养出信任关系。

「03」 表里如一,对方才不会阳奉阴违

表达敬意的方式

有一种人,在不同的人面前会表现出不同的态度。

比如说,在上司面前和颜悦色、阿谀奉承,面对部属或客户却气焰嚣张,我一向不欣赏这样的人。

我欣赏的是无论面对任何人都一视同仁的人,这也是我对自己的期许。

我最初产生这样的想法,是在我从日产汽车转职到顾问公司的时候。

在日产汽车这种大型企业里,因为大家都是一毕业就进入公司服务,所以上下级关系十分清楚。面对前辈说话要毕恭毕敬,面对同期的同事则要自然交谈,面对晚辈要用命令的语气。

但在离开日产汽车进入顾问公司之后,却没有所谓的"同期同事"了,比我年轻却堪称职场前辈者大有人在。

面对这样的情况，我对上下级关系的价值观与标准开始感到混淆不清，究竟是以年龄、工龄还是职位等级作为标准呢？实在令人难以判断。

于是我心想，那就暂时先对所有人都保持敬意吧，即使是年纪较轻或职位较低的人也要以礼相待，况且我本来就不太欣赏那些态度因人而异的人，所以我决定以"无论对谁都尽量一视同仁"作为自己的原则。

无论对谁都保持敬意，称呼对方某某"先生"或"女士"。即使对方年纪很轻，也会称他"老师"，而不直呼名字。无论对谁讲话，我都尽量维持基本的礼貌。

话虽如此，年轻一辈之中或许会有人要求："请直呼我的名字吧，这样感觉比较亲切……"而且认同这种想法的人也不在少数。若考量到TOP[1]原则，有时候直呼对方的名字，反而更容易建立起良好的人际关系。因此，我对学生时期的棒球社学弟，或日产汽车时期一起工作、相当熟识的晚辈，有时也会直呼他们的名字或绰号。但在工作场合，还是必须向对方表示敬意，不管彼此的立场如何，我都不

1　TOP：是三个英语单词的缩写，它们分别代表时间(Time)、场合(Occasion)和地点(Place)。

会直呼对方的名字。

某公司的女性社长，对比自己年长的董事总是直呼其名。如果只在外部人士面前这么做还情有可原，但她在公司内部会议上都会这么说："喂，×××，你就是因为这样工作才做不好！"我听了简直毛发倒竖！而且她还称呼门市人员为"那些家伙"。像这样的经营者，当然不可能风光太久。

这是因为能不能获得他人信赖，完全取决于这个人的态度和言行举止。

"理想经营者"典范是对任何人都一视同仁

让我产生这种想法的另一个契机，是我在遇见某家客户企业的经营者时。

习惯依据社会地位或年龄来评断一个人，这样的人并不在少数，甚至可说是相当普遍的现象。

然而，当我第一次遇见这位经营者时，他对我说了一句话："岩田先生，请多指教。"

由于对方的姿态实在太过谦卑，我甚至一度失礼地认为"这个人应该是从基层慢慢爬上来的，职位等级应该很低吧"。因为这位经营者即使面对年纪较轻的我，也没有丝毫怠慢。

听说这位经营者在学生时期，是体育类社团的应援团团长，所以如果认真起来的话，他应该很容易鼓舞周围人的士气，而在他镜片底下的那双眼睛，无时无刻不散发着锐利的光芒。

尽管如此，他的态度真是谦卑到令人惊讶的程度。他从董事、社长到会长，一路带领公司扩大规模，并购各式各样的公司，过程简直就像战国武将征服天下那般精彩。或许被合并的公司也折服于他的品格风范，认为和这样的人一起打拼肯定不会有问题，所以才甘愿成为他麾下的一员吧。

每当有人问我"你最尊敬的经营者是谁"时，我脑中浮现的第一人选就是他。

时至今日，当有机会与他会面时，我仍为他的谦卑姿态感到惶恐。无论在自家公司或整个业界，这位经营者都拥有众多粉丝，而我也是其中之一，可见其魅力是"连男人也会爱上他"的程度。真正有实力的人，从来不需要在他人面前展现自我。

明明兼具了气度与实力，却对任何人都谦虚有礼。我非常崇敬这样的人。他就是我心目中最理想的经营者典范。

只要这么做，所有沟通上的烦恼都能迎刃而解

我对待他人的态度，从来不会因为地位或身份不同而

有差别。这项原则不仅适用于工作场合，连私底下的人际关系也是如此。

基于个人的兴趣，我参加了业余棒球队。平常称呼队友时，无论对方的年龄大小或球技如何，我一律会加上"先生"二字，用尊敬的言语和态度与对方相处。所以，当我看到有人对晚辈大呼小叫时，会感到十分不舒服。

出席邻里自治会时也一样。有些医生因为在职场上的地位较高，因而态度也变得相当自以为是。这样的人总让我觉得莫名其妙，甚至看起来有点滑稽。

一个人在公司内部的职位再高，都与公司以外的人无关，但这世界上偏偏就是有很多优越感很强的人。

对任何人都一视同仁，并不表示对任何人都可以"放肆地说话"。换句话说，**对任何人都以礼相待，才是真正的一视同仁。**

我不知道这么做究竟是好是坏，或者是否在任何场合都是适宜的行为，但我一向要求自己尽量做到。

比如说，当我在饭店留宿时，若柜台的年轻女性要帮我提大件行李，我会慎重地向对方道谢并予以婉拒。

就客人和饭店服务人员之间的关系来说，虽然对方帮我提行李并不是一件不妥的事，但我还是无法赞同让女性帮我提重物。这时我会一边提着行李，一边开玩笑说："哎哟，我又不是什么 VIP，自己来就行了，况且我的行李箱里装了金条，怎么能让别人拿呢！"即便是体格健壮的年轻男性服务员，我还是会自己提行李。总而言之，我认为让别人帮忙拿行李，是一种不太合适的行为。

不管在公司的职位或社会地位有多高、有多富有、名声有多响亮，这些都是很表面的，和这个人最本质的部分没有一点关系。

所有人都是平等的，不管对谁都应抱着一颗尊敬的心。只要做到这一点，到哪都是同样的态度，生活自然会轻松许多。久而久之，当然就不太需要为沟通的问题而苦恼了。

从言谈中即可分辨一个人是不是在装腔作势

虽然当今世界瞬息万变，但人类与生俱来的本性并不需要配合外在世界做改变。**以不变应万变，反而才是最能应付改变的方法。**

若从企业经营的角度来看，也就是：即便可以为顺应时代而改变战略或战术，也不能改变最原始的理念。

换作个人的立场也适用。

在人际关系的经营中，我重视的原则之一就是"随时

保持最真实的自己"，不需要妄自菲薄，也不必装模作样。

无论面对什么样的状况或什么样的人，都可以轻松自在地做自己。只是，如果自己的行为因为不符合社会常识，而给别人造成反感的话，就必须自我改进。

越是无法保持轻松自在、对自己没自信的人，越是装腔作势。装腔作势与自卑感是一体两面的事。

我认识一位某企业的大老板，有一次碰巧在停车场遇见她。当时我正要钻进自己的车内，她一看到我便特地跑过来说："我家里还有一辆更豪华的车哟！"还顺便提起那部高档车的品牌。那时候，或许是因为她的车比我的车体型小，因而她感觉到在车的等级上输给了我吧。所以我暗自推测，她想说的其实是："我并没有输给你。"

经对方这么一说，我想起她总是穿着一身名牌套装，那天的行为似乎也是想要炫耀自己过人的一面。

在我看来，那只是一种自卑感的表现罢了。她其实大可不必多此一举，只要表现出最真实的自己就够了。与其花心思向人炫耀，不如想想如何在商业上做出一番业绩来。

无论对方是谁，都保持一贯的态度，表现出自己最真实的一面，对任何人都保持尊敬而谦虚的态度。唯有这样的人，才能与任何人都建立起深刻的信赖关系。

04 用真心实意打动对方

思想和言论会像镜子一样映射出来

想得到周围人的信赖,积累业绩是很重要的一件事。话虽如此,但没有人是从一开始就有业绩的。

我也不例外,刚就任日本美体小铺或日本星巴克社长时,我在两家公司都没有任何经验和成绩。但是,如果说到"爱"公司这件事,马上就能做到,不是吗?我现在就能比任何人还要爱自己的公司和员工。于是我决定把这件事铭记在心。

了解店铺和门市的经营需要一段时间,我不可能马上就全盘掌握公司的现状,但我可以比任何人还要爱这家公司、比任何人还要爱门市的员工。

每次亲临门市,都可以看到员工努力为公司打拼的身影,这激发了我一心想要好好反馈员工的努力、想珍惜员工、想为员工打造出更好的职场的心愿。

我的内心自然而然地涌现出这样的念头，甚至还在自己的办公室里，摆上所有门市店长的照片。

在经营美体小铺的时候，别人叫我"Body Shopper"（美体购物者）；到了星巴克以后，别人叫我"Starbucks"（星巴克）。甚至有人对我说过："岩田先生的体内是不是流着'绿色的血'啊！"（幸好两家公司的代表色都是绿色，让我转职的时候不用再换一次血）。

我真的很喜欢自家的员工，甚至可以说是不分男女，"爱上了"所有员工。为了向员工传达公司的经营状况或我的想法，每个星期，我都会通过电子邮件寄给全门市一封"管理信"，而内容就像是写给大家的情书一样。

值得庆幸的是，即便现在到各地方的门市逛逛，当时的伙伴仍会热情地向我打招呼。

沟通这回事，就如同镜子一般：**先敞开自己的心胸，对方才会敞开心胸，**当自己有所改变，对方也会有所改变，**人际关系就是存在着这样微妙的"镜子法则"。**

自己的想法或言论可以改变周围的气氛。若身为经营者的话，影响范围还会扩大到公司整体。

如果现在的你因没有任何业绩，而尚未得到周围同事信赖的话，不妨先从爱自己的伙伴、爱自己的工作和爱自己的公司开始吧。

因为发自内心的想法，会自然而然地传递到对方的心里去。

能够打动对方的，是说话者的"当事者意识"

爱自己工作上的好伙伴非常重要，这也是理所当然的事。

"士为知己者死"是我很喜欢的一句话。人生能够得一知己，即使牺牲性命也在所不惜。

爱自己的伙伴，当我们在传达信息的时候，自然因为能够理解对方的立场而说出发自内心的言论。

当上司有这样的意识时，底下的部属便会产生"虽然事情很棘手，但既然是他说的话，就值得试试看！"或"我绝不能让他丢脸"这样的想法。

不仅上下级关系如此，与客户之间的往来也一样。当然，公司与公司之间的商业交易，多少会碰到利益冲突的地方。不过，**当有人如此诚心相待的时候，想有所反馈也是人之常情。**

即使在同一家公司，也会出现一种人，也就是明明为了同样的目的在一起工作，却仍不免常常发表事不关己的言论。

碰到这种没有真心或缺乏诚意的人，任何人都不会想为他努力打拼。打个比方来说：假如今天有个人，只因为他的父亲是社长，他便当上了董事，即使他高高在上地对你说"加油喔"，你也只想回呛他"谁理你"吧。

但如果是平常在工作上就十分照顾你的人说："加油！"那么在你的内心，是否也会产生一种"好，我要好好努力"的声音呢？

又或者，若遇到了从基层打拼上来创造出良好成绩，而且总是与一线员工站在同一阵线的上司，是不是对他就容易产生"我也要好好努力才行"的认同感？

重点在于说话者是谁，而不是他说了什么。如果仅靠嘴巴鼓舞人，很难让对方真心诚意地为自己行动起来。真正重要的是这个人平日的言行，以及他一路走来创造出来的实绩。

那句话是发自内心的吗？

记得我担任日本美体小铺的社长后不久，就立即向员工喊话："从今以后，公司将面临各式各样的重大变革，请各位和我携手努力！"

我向他们提出"七大诉求"——珍惜能够一起工作的"缘分"、随时观察第一线门市的状况、找回创业初衷并重视公司理念、同时享受自己的工作……

我向员工保证，如果做不到这些，我绝对会引咎辞职。

然而，当我开始到日本各地的门市去巡视，与店长当面详谈的时候，有一位女性店长对我说了这么一段话：

"公司从以前就一直说'要改变、要改变'，可是到现在还是一点改变也没有。这次是真的会改变了吧？"

她的语气非常严厉。当时的我可说是"新官上任三把火"，所以便斩钉截铁地回答她："请拭目以待。"

那时，我曾聘请外面的公司调查员工满意度，结果调查报告却惨不忍睹。

连调查公司的人都对我说："我们调查超过八百家公司，但从没见过员工满意度如此低的公司。"

这也难怪了，毕竟在董事会成员中，确实有那种以弄哭门市员工为乐的人。那种人就算是当着员工的面说"你们是最重要的"或"大家一起努力吧"，也无法打动员工的心吧。

于是我开始把那些跟公司目标不同的人，逐一调离要职，然后提拔更重视公司理念和员工的人。

只凭信赖关系，就能让营业额大幅成长

其后一年的时间，我在各方面大力推动改革。

我真的十分重视自己的员工，大家有任何不满意之处，我都会尽力去改善。我发自内心想让公司变得更好。

其中最先推行的就是每月一次的"啤酒派对"。我会召集员工到总公司的会议室吃比萨、喝啤酒，借此增进彼此的交流。

最初推行这项创举时，还遭到美体小铺母公司 AEON 出身的董事的强烈反对。

他说："在公司的会议室喝啤酒成何体统！要是被 AEON 知道，我们用公司的经费大吃大喝，不知道会被骂得多难听！"

不过，经过我三番两次的劝说后，总算让这个派对成为例行性的活动，部门与部门间的隔阂也逐渐消失，大家开始能够顺利地交换彼此的意见。

此外，一年两次的全国店长经理会议，原先的风评也相当不好，甚至被认为是一种"惩罚游戏"。记得有几家加盟店的店长告诉我："我们店里向来都要求业绩最差的经理去参加，以此作为惩罚。"我听了这句话之后好生惊讶。由此可见，大家对那场会议是多么地唯恐避之不及。

过去因为业绩不好的关系，公司希望削减成本，所以都租用临时的会议室。但我说服了持反对意见的 AEON 出身的董事，把会议地点改到东京迪士尼乐园旁的高级饭店。

和 AEON 在大型连锁超市推行的"每日低价策略"不

同，美体小铺的经营模式强调的是"品牌事业"。我的用意是让员工亲身享受一流的服务，然后从中学会一流的待客之道。

不仅如此，在晚上的联谊活动当中，那些平常一板一眼的董事，完全解放了自我，随着SMAP[1]的音乐又唱又跳。

有一次，我还偷偷准备了迪士尼乐园的夜间门票，当我送给大家当作惊喜时，全场立刻爆发出了几近尖叫的欢呼声。通过这种宾主尽欢的活动，我改变了经理会议原本不甚讨喜的印象。

当然，办一场这样大手笔的活动，肯定要花不少钱，但我认为这是很有意义的"投资"。一来可以增加员工沟通的机会，加深彼此的感情；二来也能拓宽视野，对员工的成长有所助益。

削减成本固然是一种改革之道，但如果不能照顾到员工的心情、改善公司整体的风气，那么，无论是员工的满意度还是公司业绩，都不可能有所提升。

所以，即使数目不多，我还是会定期帮员工加薪，尤

---

[1] SMAP：日本国民偶像团体，隶属于日本杰尼斯事务所，由木村拓哉、中居正广、稻垣吾郎、香取慎吾、草彅刚五位成员组成。

其是业绩表现亮眼的时候,还会给所有员工发红包或是增加年终奖金。

或许,正因为我总是努力兼顾"情"与"理"的沟通原则,因而能与员工建立起信赖关系的缘故吧,在我就任社长第三年的时候,终于达成了年营业额 100 亿日元的目标。

从那时开始,公司每星期都会传来"达成目标业绩"或"打破最高销售纪录"等好消息,当然,发给员工的年终奖金也相当优厚。

后来有一次,我又遇到了那位对我说"这次是真的会改变了吧"的店长。虽然当时她正在休产假,但她还是特地来新开张的门市道贺。我战战兢兢地开口问她:"公司是否有改变了呢?"结果她泪眼汪汪地回答我:"有,公司确实改变了,……"听了这句话,我顿时放下心中的石头。

正因为拥有一颗爱员工的心,一点一滴地在各方面积累了实际的作为,我才能够逐步建立起与员工之间的信赖关系,进而提高公司的业绩。

即使有心改变,也不可能一次完成所有的具体实施方案,但至少我会锲而不舍地朝着这个方向前进,并且真心诚意地珍惜所有的员工,所以才有幸换得今日这般成果。

05 最快的传达是自己先付诸行动

"剩下的 10 亿日元是赌一口气!"

我能够在担任美体小铺社长时期,创下有史以来最高营业额的佳绩,其实是有很多原因的。这当然要感谢各个门市和总公司的所有员工,为美体小铺推行成百上千种改善方案。

不过,**若真要从中选出一个理由的话,我认为是因为我订下了高难度目标。**

美体小铺在 1990 年登陆日本后,随即在女高中生间掀起一股风潮,公司的业务迅速成长,截至 1996 年,年营业额已达到 90 亿日元的规模,门市的数量超过 100 家。

然而,后来随着风潮逐渐消退,年营业额也渐趋低迷,在我就任社长的 2005 年,年营业额甚至降低至 60 亿日元。

于是突破现状，提高营业额，成了我被赋予的使命。

"我要在三到五年之内，把年营业额提高到 150 亿日元。"

这是我最初信誓旦旦发表的宣言。150 亿足足超过 60 亿一倍以上，即使在今天，也堪称是异想天开的高难度目标。然而，我并不是无凭无据地发表宣言。

在拟订运营计划时，我先询问了经营企划室的员工，他们认为美体小铺在日本最大能够扩张到什么样的规模。

在计算过日本各地的闹市区或购物中心的门市数量、考量全世界的市场占有率，以及单一品牌最高可能的销售额等因素之后，经营企划室给我的答复是"也许有望达到 140 亿日元的程度"。

"既然如此，目标就定在 150 亿日元。剩下的 10 亿日元就当是赌一口气！"

我果真如此下定决心，并把这项信息传达给全公司的员工。我想，当时除了我之外，应该没有一个人看好这件事。八成连母公司 AEON 的人都没想到吧，他们一开始可能只期望我想想办法，勉强撑住这个大势已去的品牌吧。

结果呢，我花了四年的时间，便成功地把年营业额提高至 140 亿日元，如果不是 2008 年的雷曼兄弟事件[1]，恐怕早就达成 150 亿日元的目标了吧。

能够让数字出现如此飞跃性的成长，当然还有其他的原因。

例如：修改展店的策略、推出"身体滋养霜"等热门商品或是严格执行大学毕业生的聘用制度，再加上当时刚好搭上乐活的风潮，所以多少也有点碰运气的成分在内。此外，大力宣传了创办人安妮塔·罗迪克（Anita Roddick）标榜的创业初衷，或许这也是激励员工的一大动力。

一般而言，营业额大幅衰退的品牌，在风潮过了以后，通常就很难东山再起。美体小铺在这样的困境下还能够谷底翻身，达成预期的目标，我认为最主要的原因是当初设定了"150 亿日元"这种高难度目标。

另外还有一个原因，就是身为社长的我，坚信自己一定能够达成这个目标。在我就任社长以后，翻阅了五年前的运营计划书，其中每一年都写着"我们要努力在三年后

---

[1] 雷曼兄弟事件：2008 年，美国第四大投资银行雷曼兄弟由于投资失利，在谈判收购失败后宣布申请破产保护，引发了全球金融海啸。

达成 100 亿日元的目标"！

但是在那段时期内，公司却对人力资源和门市的投资毫无规划，只想靠着削减支出以维持盈余。若是只从书面资料来看，公司的决心完全无法传达到我的心里。我认为，当时肯定也无法传达到员工的心里。

我在前文强调过很多遍，沟通首重传达，而非单纯的告知，**而传达必须发自内心，才能够确实传达到对方的心里。**

一开始，大部分的员工一定都在想："150 亿日元？这个新来的社长根本在痴人说梦嘛！"

即便我在所有的董事面前费尽唇舌，他们还是不当一回事。我想，全公司里面，应该只有我一人相信能够达成如此困难的目标吧。

即便如此，我还是重新修订具体的运营方针，并认真地付诸实践。展店、聘雇新人、提高现有门市的营业额、开发新商品及储备人才……使尽各种手段，像每星期写"管理信"给员工，持续寄送信息给所有门市，也是其中的一种手段。业绩慢慢地有了起色。

日复一日，我把自己最真诚的理念如实地传达给员工，而员工也团结一致地为公司努力着。最后，我们不但一举突破100亿日元大关,四年后,更达成了两倍以上的营业额。

想要有改变,就要拥有伟大的目标,并认真地为目标而努力,向世人展现自己的真心。

我想,不管是什么样的工作,都适用这项准则。

一句赞美换来最强大的力量

能够带领美体小铺达到最高营业额,其实还有另一个契机——那就是母公司AEON的冈田克也社长,在全公司的例会上,夸奖了AEON FOREST。

由于当时除了我之外,其他董事都是AEON出身的成员,所以一开始,那些董事比较忠于母公司,而不是身为社长的我。

负责运营日本美体小铺的AEON FOREST这家公司,是以大型连锁超市为经营重心的AEON集团百分之百投资的子公司。

我之前提出举办"啤酒派对"让员工在吃喝同乐之中联系情感,或是把经理会议的地点定在高级饭店等建议,遭到其他董事的强烈反对,就是因为这些行为彻底违反了AEON的文化。

有一天，AEON 社长冈田先生在全公司的例会上，当着所有人的面褒奖道："AEON FOREST 的身体滋养霜卖得相当好！"

当时我已经就任社长有半年的时间，整体营业额正在逐渐好转，所以情况多少有些改善，不过，由于冈田先生很少夸奖人，所以他这一句夸奖，在公司内部产生了强烈的影响。

从 AEON 来的那些董事心想："啊，这样就安心了。我们可以放心地依照新社长的指示去做了。"于是我终于得到了大家的认同，"毕竟连冈田社长都亲口称赞了"。

在此之前，即便我再三强调："我们要打造的是品牌事业，希望各位不要把 AEON 的 GMS（综合超市）企业文化带过来。"大家还是很难接受这样的观念。

AEON 标榜的理念是"每日低价策略"。"用实惠的价格提供更好的商品和服务"，这对大型连锁超市等零售商业来说，是一种很合适也很令人赞赏的出发点。

然而，日本美体小铺经营的是品牌事业，提供给市场的是一种崭新的价值。品牌概念明显与母公司 AEON 不同，因此，当然不能效法 AEON 提供平价商品的做法。

这是我个人的想法，但对 AEON 培养出来的人来说，恐怕本能上很难接受这样的观点。

不过，随着运营出现起色，众人已稍有改观，再加上冈田社长一句称赞的话语，内部风向瞬间转变，改革的难度也顿时减少许多。而那群董事当中很多个性坦率的人，也在慢慢改变。

领导者的一句话，往往能左右整个组织的工作气氛。领导者是带领众人前往目标的舵手。因此，当有部属做了值得嘉许的事情时，就应该不吝于赞美对方。

一个小小举动，就能创造出最强大的力量，推动组织向更美好的愿景前进。

Chapter 2

越亲近的人，
越能懂你的意思

—— 如何才能打动对方？

之所以能够影响他人，是因为能够设身处地地为人着想，
但设身处地为人着想之人，必得为他人劳心。
凡是不曾为他人劳心之人，皆不可能影响他人。

—— 本田宗一郎（本田公司创办人）

06 每天一句问候语

信赖关系由此开始

任谁都有"认同渴望"。渴望别人认同自己、理解自己、认识自己——任何人在面对人际关系时，都会产生这样的情感投射。

戴尔·卡耐基的著作《人性的弱点》是至今仍然不断再版的畅销书，书的开头叙述了一则杀人犯的故事。

犯下多起凶杀案的凶狠男子，最后虽然遭到逮捕，并被宣判了死刑，但他身后留下的亲笔信里，写着这么一句话：

"用我衣服包裹着的，是一颗疲惫的心——那是仁慈的、不愿意伤害任何人的心。"

这名只因为被警察要求出示驾照，就连开数枪射杀警察的残忍男子，也渴望别人相信他有一颗仁慈的心。

虽然这是个极端的例子，但我想要强调的是，任何人都有这样的认同渴望。

那么,"认同他人"的最理想方式,又该如何表现呢?

答案就是表现出对他人的关心,让对方感觉到"我很在意你"或"我有在注意你的表现",而这些当中最重要的一件事,就是把关心化为"问候语"。

如"早安""谢谢""先告辞了"……这些问候语,都能够表现出关心对方的情绪。

当有人替自己倒茶时,顺口说一声"谢谢"是很重要的事。有些人完全不把别人的这种善意行为放在眼里,认为不用说对方也知道,这种行为绝对是一种失礼的表现。

"爱的反面不是恨,而是漠不关心。"

德蕾莎修女的这句名言,让我深有同感。因为恨的情感来自我们对对方的关心,而漠不关心却是完全不把对方放在眼里。

如此一来便可发现,每天不经意脱口而出的问候语,其实是人际关系中非常重要的一环。

举例而言,有些男性不知道该用什么样的态度来对待职场上的女性员工。面对这种情况,解决问题的第一步就是:**先好好地向对方打招呼吧!**

无论是同性还是异性,只要在同一个职场,都应该向对方表达自己的关心。每天看着对方的眼睛打招呼;当对方帮忙递送资料，或是帮忙接待客人时，自然地向对方说声"谢谢"。

久而久之，当对方的状态有改变，自己也会理所当然地注意到。这时，问候的话语可以不再只有"早安"而已，还可以顺口问一句：

"啊，你换新眼镜了吗？"
"你看起来没什么精神，还好吗？"

若能主动创造良好的人际关系，对方应该也会从这样的话语当中，接收到关心的信息，**知道你想表达的是"我一直有在关心你"**。

话虽如此，如果只会机械性地问候对方，那么，仍然不具有任何意义。比如说，日本星巴克对客人的问候语是"您好"而非"欢迎光临"。

这种问候语既新鲜又不失礼，称得上是一种别开生面的待客之道，但如果只是机械性地问候客人而不带有任何表情，又会给人什么样的感觉呢？

重要的并不是"您好"二字，而是能不能像见到老朋友般那样打招呼，让客人感受到宾至如归的亲切感。

想要让客人感觉像老朋友一样，可以对他们说："外面天气很热吧"或"今天辛苦了"；如果客人是当天第二次光临的话，甚至可以说声"您又过来啦"。总之，先观察客人的状况，再说出最符合当下情境的问候语。

同样的方式也适用于日常生活。关心和问候永远绑在一起。无关性别，也无关职位高低，若关心对方，自然而然会相互问候。

良好的气氛、互相信赖的人际关系，就是这样累积而成的。

问候是一切的开端。即便只是个初步的小动作，也是在构筑信赖关系的过程中最基本的原则。

问候的日文汉字"挨拶"原为禅宗用语，"挨"是"推挤"，"拶"有"迫近"之意，合在一起的意思是"修行者通过互相询问修行成果的方式，来确认悟道、知识或见识深度的行为"。原来平日常用的词汇，还有如此深远的意义啊。

从今以后，就从问候开始吧！

说一句"让自己也打起精神"的问候语

在踏进办公室时，你试过一开口就问候一句中气十足的"早安"了吗？这里的"中气十足"，也是一项不得忽视的重点。

不管是不是被老板骂了一顿，还是为了人际关系感到烦恼，或是身体状况不佳，越是在这种心情郁闷或缺乏干劲的时候，越应该大声打招呼。

"大家早安！"

一个活力十足的人能够带动周围的气氛，让人不由自主地想要亲近。

虽然在提不起精神的时候，内心自然而然会想要避开人群，但如果周围的人因此减少主动寒暄的频率，反而更容易让自己陷入孤独的牢笼，陷入每况愈下的负面循环。

我在任职于日产汽车期间，曾经一度出现精神衰弱的症状。当时的我，因为一些小事而在众人面前遭受上司斥责，导致越来越没自信，处理公事也变得战战兢兢。每一次的错误都换来更多的指责，让我一天比一天更加缺乏自信。

自此，我便自我封闭在这样的恶性循环之中。

这或许就和因霸凌问题而陷入困境是一样的道理：越是表现得战战兢兢，越容易被人欺负，而无法从恶性循环中抽身。

霸凌问题绝对是霸凌一方的错，而不让霸凌者有机会这么做的方法之一，就是维持正面活力。因为无论被霸凌者做了什么或说了什么，都很有可能遭到施霸者的排挤或反对。

然而，当时的我在被上司严厉训斥后，整个人萎靡不振，而在这样的状态下犯错，自然又会受到另一番斥责，心情变得比先前更加郁闷。于是我陷入了消极的负面情绪循环当中。

当时，我不断在心中暗自呐喊着："**现在的处境让我这么痛苦难过，为什么没有人能体会我的心情？**"

我想，任何人应该都有过类似的体验；但，越是心情低落的时候，越应该大声向人打招呼。

犹记得学生时期的我相当沉迷于棒球运动，每次轮到自己的队伍防守时，队友之间便会通过大喊来互相激励，除了可以确认守备位置或出局人数，还有一个目的就是鼓舞自己。

为了自我打气，提升自己的注意力，所以要大喊出声。越是到了比赛最后一局体力基本耗尽，或我方处于劣势的时候，越要大喊出声。像剑道或柔道等武术选手，为了提高注意力，也一定会发出喊声来自我振奋。

"放马过来吧！"只要有这么一句话，就能够舒缓紧张的心情、提高士气或集中注意力，将自己调整到最佳状态。

俗语说："百病源于气。"下次当你感到无精打采的时候，不妨试着大声打招呼吧！

如此一来，相信周围的人自然而然会与你亲近；而在彼此寒暄的过程中，自己也会振作精神，进入正面积极的循环之中。

通过声音鼓舞周遭的人，同时也激励自己，是非常有意义的事。在你翻开下一页之前，不妨现在就开口说说看吧。

"好！加油！"

如何？是不是感觉比刚才更有活力了呢？

07 说话之前请三思

领导者连上厕所的背影都是目光的焦点

主动打招呼,向周围的人问好。

根据我的个人经验,所有主管都应该随时注意下属的眼光。或许员工在表面上不动声色,事实上却对上司的一举一动观察入微。

过去有一段时间,我曾经担任主权财富基金[1]的负责人,而在那之前我已担任过社长,所以身为公司最高负责人的我,已经很久没有位居他人之下受人管辖了。

当时,我的上司是一个非常注重细节的人,从衬衫的颜色到上班时间(明明是弹性工作制)都属于他的管辖范围。因此,我开始每天注意这位上司的行程和动向。对我

---

[1] 主权财富基金:由专门的政府投资机构管理,用于长期投资的金融资产或基金。

来说，去公司上班成了一件十分折磨人的事。

没过多长时间，我就成了一个时时窥探上司脸色的上班族，也深刻体会到：原来员工会如此在意顶头上司所说的一字一句，也会小心翼翼地确认上司每天的情绪起伏。

虽然任何人都有可能因为发言或行动而影响周围的人，但其中又以领导者，最容易因其言行而大幅影响公司整体。

如果组织的领导者从不主动打招呼，也不和员工寒暄的话，整个职场将会弥漫着一股低迷的气氛。

如果上司整天愁眉不展，员工也不得不在工作的同时，花心思观察上司的脸色。到最后，每个人都战战兢兢、如履薄冰，这样的工作环境实在不健康。

在这样的工作职场，如果每个人每天都只顾着观察上司的脸色做事，又如何能把工作做好呢？

因此，最理想的状态还是需要有一位开朗又有活力的领导者。这样一来，公司整体的气氛才会渐入佳境。

当然，没有人能够时时刻刻保持活跃状态，而且谁都有情绪，也不可能永远都维持愉悦的状态。

然而，**身为领导者，永远要记得旁人的眼光绝对比自己想象的还要敏锐。**

我在担任以大头贴机器闻名的ATLUS公司社长时，曾经有个员工在卫生间里遇见我，后来他私下告诉其他人说："社长看起来好像没什么精神。"结果一传十，十传百，最后竟然有人开始猜测："公司没问题吧？"殊不知我当时只是一边上厕所一边想事情而已。经过那次事件以后，我体会到身为一名社长，连上厕所的背影都是员工的目光焦点。

此外，领导者也必须注意自己的发言。

举例来说，假设有个人开玩笑地说："这么做的话，小心工作不保！"如果这个人没有人事任聘权的话，或许听听也就算了；但假如说话者是个握有人事权力的主管，即便他说话的时候面带笑容，听在其他人耳里又是什么感觉呢？

任何员工听到了，应该都会不安地想："糟糕，他该不会真的想把我给炒鱿鱼了吧？"

只因为说话者的身份不同，就有可能让玩笑话听起来一点也不好笑。事实上，**很多时候的玩笑话反而隐藏着真心话**，可见平常在发言时，实在不得不多加谨慎。

即使在同样的情境下开了同样的玩笑，也有可能因为说话者不同，而产生全然不同的效果。

如何缩短与对方之间的距离

很多时候，我们很容易在谈笑之间透露出内心真正的想法。

有些人会把难以启齿的想法用玩笑话轻松带过，有些人则会不经意地说出一些名为玩笑实为挖苦的话，这些都是因为他们平常就有这样的想法。

既然说话者会有这样的表现，倾听者就应该有所警惕。

如果今天有人对另一个上班老是迟到的人说："你今天来得好早喔。"这其实是一种反讽，代表他对对方频繁迟到这件事感到不满，所以才会说出这样的话。不管是不是在开玩笑，言辞当中都会透露出一个人的潜在意识。因为他不可能说出自己从未意识到的事情，所以在说话者内心的某个角落，一定存在着这样的想法。

在某些场合或情境下，开玩笑或随性的表达方式确实有助于缩短与他人之间的距离。但相信大家都有类似的经验，就是一旦表现得过于得寸进尺，反而容易招致对方不快或生气。

记得我在高中二年级的时候，就曾经发生过类似的事。

当时身为棒球社一员的我，非常尊敬一位三年级的队长。不过，他在社团里总是处于"被欺负的角色"，所有三年级的学长都很爱捉弄他，而我常常自以为与他很亲近，便不知分寸地加入到吐槽他的行列，没想到，却惹得他对我怒颜相向。

由于我真的十分喜欢那位学长，所以，我自以为亲近学长的表现是和别人一起吐槽他，但站在学长的立场来看，却让他觉得"被同样是三年级的人挖苦也就算了，凭什么我还要被你这个学弟嘲笑啊"！从此我就不断提醒自己，即便没有恶意，也不能得寸进尺。在人际关系中拿捏距离的方式，就是要懂得掌握与对方之间的"一进一退"。

刻意以轻松的方式与人相处，有时确实可以缩短距离，但有时也会让对方觉得失礼，其中的距离感相当难以把握。

如果认为"这个程度应该没问题吧？"那就前进一点；若对方反应不佳，就再稍微后退一些。

缩短距离的方式便是反复地"一进一退"。

另外，对说话不使用敬语的人，如果一直使用敬语的话，也很难缩短与对方之间的距离。有时试着舍弃敬语，轻松地与对方交谈看看吧。

相信在这样多方尝试的过程中，肯定可以逐渐与对方拉近距离，并且摸索出一个最适当的距离。

如果上司不再对你提出任何指正，不是你已经得到上司百分之百的信赖，就是上司已经对你完全不抱任何期望了。

平常反复挂在嘴边的话，自然而然也会影响自己的想法和思考方式。

以前的我总认为，那些会在例会等场合宣读企业理念或行动方针的公司，其实根本不必做到那种程度。

但随着见多识广，看过这么多企业的经营模式之后，我发现凡是这么做的企业，都更能够贯彻其理念。于是我便让刚才的"您好"企业（指星巴克），在集会例会的时候大声宣读企业的行动方针。

日本有句俗语说："门前的小僧，无有授者即可诵经。"（即"耳濡目染，不学自会"的意思）

换言之，在经过长时间的熏陶之下，环境也会在不知不觉中对一个人造成强烈的影响。

08 倾听是有效传达的第一步

聆听的态度是给对方的一种信息

我在演讲的时候,首先就是寻找愿意专心投入听我说话的人,如果有人认真地看着台上,对我说的话频频点头,那身为演讲者也会更有自信和热情。

相反地,如果看到听众摆出不友善的表情,或是双手交叉在胸前的话,老实说,我会不安地想:"我的话有这么无聊吗?""我说了什么让他不开心的话吗?"

不过,如果那位听众随着演讲的进行,逐渐表现出对内容的兴趣,那一瞬间,就会让身为演讲者的我觉得"太好了!"这是我至高无上的荣幸。

话虽如此,在演讲的时候我还是会避免去关注那样的人。我倾向专注地听我说话,或对我的言论频频点头的人。唯有如此,我才能够比较自在地发表我的讲话。

不仅是演讲场合,在任何沟通场合之中,都容易造成说话者处于不安的情况。一来，说话者会在意对方能不能理解自己所说的；二来，要是对方毫无反应，那样的沟通似乎也没什么效果。

沟通并非单方面，即使在演讲等单方发表言论的场合，说话者都十分在意听众的反应，更何况是一般的对话，**倾听者是否以点头或意见回应等方式来表现出"我对这个话题感兴趣"，对说话者来说，都是非常重要的信息。**

有些人认为，听众将双手交叉摆在胸前，或是摆出一脸不友善的表情，或许只是在认真聆听、仔细思考，并没有任何的恶意。

但无论如何，说话者都无法揣测出听众的心意，反而会误以为"这个人真没礼貌"或"这个人还真自以为是"。若是这样的沟通情况发生在上司与下属之间，或厂商与客户之间，恐怕会给人一种傲慢的负面印象。

倾听者的态度和反应，也是沟通的重要因素之一。对此毫无自觉的人似乎比想象中还要多。认真投入并聆听对方说话，也是能够获得对方信赖的一种态度。

"这个人很愿意倾听年轻人的意见。"

"这位部长很好沟通。"

像这样愿意聆听的人，通常都会给人留下好印象。

"这个人完全不听别人说话。"
"这位主管总是自顾自地讲个不停。"

不懂得倾听的人，便容易给人留下负面的印象。

现在请回过头来仔细想想，你在倾听别人的意见时，又是什么样的态度呢？

问对问题，培养"倾听力"

我从年轻的时候开始，就有一项始终如一的自我要求，就是强迫自己**在参加研讨会、演讲或公司内部的读书会时，一定要"问一个问题"**，小至人数很少的讲座，大至数百人的研讨会，我都会要求自己举手发问。

这个决定让我开始认真倾听演讲者或讲师说的话，并借由在众人面前发言而得到训练胆量的机会。

无论是问了跟主题无关的问题，还是问题内容早已经在演讲过程中提过，都是十分丢脸的事。因此，我必须专心倾听并彻底理解演讲者所说的每一句话。

经过一段时间之后，我开始能够在发问时保持沉稳的态度，即使对方是十分知名的人物，即使在场有成千上万的听众，我都不会因为紧张而不知所措。

如今换我站上演讲台，我总是很高兴有人举手发问，因为那代表他们愿意认真聆听我的演讲。当积累多次演讲经验之后，我大概都能看出哪些人会举手提问，因为会提问的几乎都是那些认真聆听演讲的人。

在人与人的沟通中，倾听者能够吸收多少内容是非常重要的事。**而培养"倾听力"的最好方法就是提问。**

一旦养成提问的习惯，无论是接到上司指示还是身处商务场合，自然而然都会随时做好发问的准备，以便理解谈话的内容。

如此一来，倾听者的认真程度也会出现极大的差异。即使是长时间的谈话，也不会感到疲惫。我鼓励各位养成这种强迫提问的习惯。

因为"提问力"也有助于大幅提升"倾听力"。

用对方理解的方式传达

努力倾听，并试图理解对方所说的话。

抱着这样的想法听完之后，本以为对方想表达的是

"A"，结果对方想说的其实是"B"。

这种沟通不良的状况频频发生，或许是因为双方有误解，也有可能是因为同样的话听在不同人耳朵里会有不同的解读，所以难保不会出现预料之外的分歧。

这就好像我们在听到"红色"的时候，有的人会联想到"大红色"，有的人则会联想到"偏橘的红色"一样。

至于要如何理解对方的主张，避免认知上的"差异"，我的建议是在听完对方的言论以后，用自己理解的重新复述一遍。

但复述并不是像鹦鹉学舌一样就可以，应该要先咀嚼对方的话，再用自己的话重新复述一遍，这样才能确认彼此的理解是否有差异。

确认时可以询问对方："你的意思是……这样，对吗？"此时，若对方发现你理解有误，自然会立即告知误解之处。

有些人在说话的时候，喜欢用"那"或"那个"等模棱两可的代名词，这对倾听者来说，有时还真无法理解对方指的究竟是什么。

我和妻子在对话时，也经常发生口角。

"你把那个放哪去了？"

"哪个？"

"不就是那个吗？"

"你到底在讲什么啊，我怎么知道你在问什么？"

即使已经携手共度三十年的生活，两人还是常常搞不懂对方说的"这个""那个"究竟是"哪个"。这种情况发生在家里还算小事，若发生在工作场合，问题可就严重了。

但我们不能因为听不懂上司说的话，就直言：

"我听不懂你在说什么！"

听到这种话，有些上司应该会当场翻脸吧。碰到这种情况，应该尽量以具体的方式确认对方想要表达的意思，例如：

"您的意思是要我立刻联络对方吗？"

"资料在某某天之前完成就行了吗？"

更严谨的方法是事后寄出电子邮件或提出书面资料，请对方加以确认。如此一来，即使双方有任何认知上的差异，也能够尽早调回正轨。

这么大费周章虽然不是为了确保在发生问题时，不至于被告上法院,但至少可以避免"我明明照指示去做了,为什么还要无辜挨骂"的情况发生。

说得更极端一点,有些人嘴巴上明明说:"你先去搞定A。"但内心想表达的是B,而有些人甚至连自己说过的话都忘得一干二净,所以重复确认的动作永远也不嫌多。

这一点同样适用于传达的时候。**如果担心对方并未正确理解自己的意思,就试着用另外一种表达方式加以确认,或者请对方复述一遍**,也不失为一种再次确认其正确性的沟通方法。最后,再利用电子邮件等工具将沟通的内容化为文字,我想,应该就能够避免沟通误解的情况发生。

这样一个小小的确认动作,不但能够避免误解或认知差异,也是维系日后人际关系的好方法。

09 我们都喜欢对"专程来听自己说话的人"说话

很会做表面功夫的人和不做表面功夫的人

某企业的一位女性曾经问了我这样的问题:

"我有位同事是个很优秀的经理人,她平常总是笑脸迎人,但非常精通办公室政治文化,在管理上会隐藏自己的真实面,以巩固自己在组织的地位。我觉得那是一种不诚实的行为,所以我不管对上司或下属都从不做表面功夫。请问我跟她的做法,哪一种比较好呢?"

上司的职责分为两部分,一是"提高成绩",二是"培养下属",至于确切的做法,我认为每个人按照自己的方式去做即可,他人的成功案例并不见得能够百分之百适用于自己。

不过,这个社会上确实存在像刚才那位女同事一样,会基于政治考量采取行动的人。他们可能表面上对下属说:"你好厉害哟!"暗地里却在绩效表上打"×";或者对上级逢迎拍马。见到如此表里不一的人，相信任何人都会产生反感情绪。

在现实生活中，确实有人能因此而步步高升，但一味维持这种肤浅的人际关系，真的能够把工作做好吗？

如欲扮演好上司的角色，与下属维持良好的关系，首先，必须真心为下属着想才行。

如果只是做表面功夫，假装自己是个好上司的话，下属肯定能够察觉到这一点。表面上与对方亲近和睦，私底下却毫不留情地把对方踢到别的部门；一旦发现这个人在部门里没什么作用，就不痛不痒地把人晾到一边去。这样的行为，下属绝对都看在眼里。

最重要的是公司如何评价这样的主管。如果仍然对这样的人赞赏有加，则该公司的企业文化将会日渐扭曲，而在物以类聚的情况下，该企业也将逐渐汇聚相同类型的人。

因此，什么样的人才能获得正面评价，要看经营者是否拥有慧眼识人的能力。怎么做才能慧眼识人？当然是尽可能搜集更多信息。例如，向某人的上司、下属或客户打听就是一种办法。

我们可以直接打听："他私底下是个什么样的人呢？"

或许对方不会轻易说出真心话，但还是值得不断努力尝试的。他平常是个受人崇敬的人吗？还是人缘不太好呢？

最了解上司性格的人就是下属。既然如此，透过下属的评价来判断此人合适与否，便是经营者（尤其是社长）最重要的工作之一。

你碰到什么麻烦了吗？

身为社长时，**我的口头禅是"你碰到什么麻烦了吗？"**因为我认为社长最重要的工作之一，就是"自找麻烦"。

在公司里面，社长并不能对公司内部所有情况都了如指掌，必须尽己所能地亲自开口询问或搜集信息。

有些事情也只有社长才能问得到或做得到，因为社长被赋予了很大的权限。一般员工若提出任何建议，公司也许不为所动，但同样的建议若从社长口中说出来，或许就能够带来真正的改变。

当员工遭遇麻烦时，最有力的援军就是社长，所以四处探听员工有没有碰到什么问题，便是社长的职责所在。

然而，站在一般员工的立场上，如果有机会在走廊上与社长擦肩而过，猛然被社长问及："你碰到什么麻烦了吗？"恐怕一时之间也无法回答吧。

我每次提出这样的问题时，得到的回答几乎都是"您放心，没什么特别的事"。就算问了一百个人，当中能不能有三个人回答都还不一定。

话虽如此，但万一有人很慎重地告诉我："社长，耽误您一点时间，我正为了这件事伤脑筋呢！"碰到这种情况时，问题恐怕就已经相当严重了。

此时，由于问题大多出在组织而非个人身上，因此，如何改善便成了社长的工作。通常我会立刻联络负责人，请他协助调查实际情况，再做出相应的处理。

我在星巴克的时候，每次去门市巡视，店里的员工都会向我反映许多意见，像是：

"这条排水沟一直都有臭味。"
"希望能有一个鞋柜。"

记得有一次和门市人员的对话是：
"想要鞋柜的话，直接去买不就好了吗？"
"因为店里没有那个预算，而且店长也没有那个权限。"
"这样似乎不太合理。"

在那之后，我决定赋予店长自由裁量权。不过，董事之中也有人发出反对的声音："不管门市有没有鞋柜，社长都不应该插手这种小事。"

然而，表面上看起来不是什么大的问题，但认真想想，只要有一家门市发生，代表其他门市也很有可能发生同样的状况。

如果听到门市人员反映："灯泡的库存在一个月前就用完了。虽然联络了总公司，但……"这时就必须调查清楚为何会发生这样的事。若是因为总公司的总务人手不足，那就考虑增加人手；若问题不是出在公司内部，那就检视一下对外采购的流程。这些都是跟公司组织有关的事，所以都是社长的工作。

对我来说，每家企业都有一种最重要的瞬间，我称之为"迸出火花的瞬间"。在日本星巴克或日本美体小铺，那样的瞬间就是门市人员跟客户接触的时刻。

因此，我始终把门市的伙伴放在心上。即使忙得无法前往门市巡视，仍然时时刻刻心系在第一线奋斗的工作伙伴。不仅是社长，我希望所有领导者都能够保持这样的心态。

因为仅靠开会或文书工作不可能达到企业的使命，唯有在与客人接触的第一线，才有可能实现我们的愿景。

门市若遭遇任何困难，一定要出手相助，有舍我其谁的心态。这才是手握权限的人该做的工作。为此，我们必须在沟通中发挥"情"的意识，学习体察第一线人员的辛劳。

脱口而出之前，先问问自己两件事

在我担任美体小铺和星巴克社长期间，几乎每星期都会寄"管理信"给门市的员工。每一次在寄信前，我都会问自己两个问题：

"我现在希望以社长身份向大家传达什么信息？"
"大家现在想要知道什么事？"

我认为这两个问题缺一不可，否则，将无法写出打动人心的内容。因为单方面地自说自话毫无意义，而只写一些大家想要知道的事情，也没有尽到身为社长的职责。

站在社长的立场，我必须写一些员工不可不知的信息，或是我正对着哪些情况打了问号，以及告诉大家现在公司的业绩好坏、公司的方针或经营策略将做出什么样的调整。

另外，我还会假设若自己身为门市店长，在当下想从社长口中得知什么信息？我对公司又会有什么样的疑问？

我不清楚那些在例会上直接听我发言的总公司成员，

是否有阅读"管理信"的习惯，但至少门市的伙伴向来都很认真阅读我的信。

基本上，在每次走访门市期间，员工休息室里都张贴着我的信，也经常有人对我说："我每星期都很期待岩田先生的信噢。"

由此可知，大家都很渴望收到总公司传达来的信息，也是确实有这样的需求吧。

"虽然无法面对面与每一位员工交流，但我随时都把各位放在心上。"

我想，正是因为大家接收到了我这样的心情，所以才会有员工直到现在都还惦念着我吧。

前一阵子还发生了一件令人欣喜的事：演讲场合的主办单位特地为我到星巴克买咖啡，当时门市的人在咖啡杯上贴了一张纸条给我，上面写道："岩田先生，好久不见，最近过得好吗？为您献上您最喜欢的冰咖啡。"我想，那个人肯定也曾定期阅读我的管理信吧。

站在对方的立场思考，是建立真实信赖关系的重要基础。

试着站在上司的立场、试着站在下属的立场、试着体谅门市人员的心情、试着站在顾客的立场……

现在思考一下，你想要传达什么信息呢？而对方又想要知道什么信息呢？

10 正面思考的人更有人缘

合不来的对象就敬而远之吧

面对个性或想法与自己合不来的人,该用什么方式与对方沟通才好?这是每个人在人际关系中都会面临的问题。

我自己并不是什么谦谦君子,甚至可以算是个好恶分明的人,遇到态度傲慢或不讲理之人,恐怕都不想理他。

但这一套在社会上是行不通的,因此,即使碰到明知道不顺眼的对象,我也会要求自己尽量只注意对方好的一面。

每个人都有各自的优点和缺点。重要的是努力扩大自己的容忍范围,尽量从正面的角度发现对方的优点。只是人生在世,难免会碰上一些实在合不来或无法相处的人。

如果是在工作中遇到的话,即便再不情愿还是得一起工作。然而有些时候,这些人还可能主动约你去吃饭呢。

这种时候,最好的方法就是"敬而远之"。

如果只是不回应对方的话,对方很有可能会到处散播流言:"这个人不太好相处,很难约。"但我们也不能因为这样,就直截了当地告诉对方:"我不太喜欢你,所以不想跟你一起去。"更不能把对方当作自己的敌人。

此时,最适当的做法就是用合乎礼仪的方式拒绝对方:"我真的很想去,但今天不巧我正好有事……"

前两次对方或许还会觉得"这人很难约",但久而久之,就会减少主动邀约的次数,也算是帮了我们自己。

勉强把精力耗费在不想相处的对象身上,本来就是件浪费时间的事。

曾经有个朋友来邀请我和两位经营者见上一面,说这两位经营者希望把一些工作委托给我。见面之后,两人却立刻开始批评星巴克,说他们在门市遭到如何恶劣的对待、店员介绍商品的方式有多糟多糟……

如果身为现任社长,我应该会认真聆听、做好记录,因为这些都是相当重要的情报,但那时候的我早已经辞去社长职位超过一年的时间,他们这样向我抱怨星巴克的事,究竟希望我做什么呢?希望我向他们道歉吗?这件事情一直让我百思不得其解。不仅如此,他们提出的委托案完全只对自己有利,所以我最后当然还是慎重地拒绝了对方。

另一个实际案例:朋友介绍的一位商界人士想和我一起举办研讨会,由于他的外表给人相当正派的感觉,话也说得有条理,因此,我几乎当场就要答应他的委托。但慎重起见，我还是稍微调查了一下他，结果发现他经常在演讲场合或研讨会上说人是非或批评他人。

所以很抱歉，我并不想和这种经常说人是非的人来往，最后当然也就与此人保持距离。

"敬而远之"——与人相处有时也必须懂得这样的道理。

不当一个充满负面思考的人

如果房子的某扇窗户破了而不及时修缮，到最后，房子的其他窗户也会陆续遭到破坏。

这个理论是美国犯罪学家乔治·凯林（George L. Kelling）提出的"破窗效应"。

20世纪80年代的纽约原本是美国前几大犯罪都市之一，但市长朱利安尼（Giuliani）在1994年发表宣言，要将纽约整顿为"可以安心带家人出门的城市"，并聘请凯林为市政顾问，将"破窗效应"的理论应用在构思治安对策上。朱利安尼开始全面整饬市容，把地铁的涂鸦全部清除，果然，当地的治安也随之有所改善。

仔细想想，当我们身处地上没有半点垃圾的迪士尼乐园时，确实没有人会随手乱扔垃圾。人类就是这么容易受到他人或环境的影响。

脑科学家中野信子女士曾在其著作中提到，"相信自己运气好的人，通常运气会越来越好"。

反之，认为自己运气不好的人，运气则会越来越差。负面思考的人容易遇到负面的事。若整天和悲观的人谈论悲观的话题，幸运会离我们远去。

喜欢说人长短或经常抱怨的人，全身都会散发出负面能量。若经常和这样的人来往，自己也会在不知不觉中被同化，变成和他们一样充满负面思考的人。

因此，**我们应该常和那些能够给予我们正面影响的人来往，才能让自己变得更积极向上。**

很显然，这绝对是让自己变得更开朗、更幸福的方法。

虽然有些时候，说人是非或许是炒热气氛的方式之一，但人们往往比想象中还要冷眼旁观。

对于那些说他人坏话的人，一般人会下意识地提高心理防备，因为大家都会默默觉得，这个人肯定也会在其他地方讲自己的坏话。

所以，这样的人绝对不值得我们尊敬。

"吐苦水"的好处与坏处

发牢骚或说人是非都是不值得鼓励的行为。

尽管明白这个道理，但我并不是一向坚强的人。有时候，我也会表现出自己的负面情绪。

我在担任游戏制作公司 ATLUS 的社长期间，曾经遭到创办人的误解，也曾经遭到同事的恶意中伤，到处散布我的负面传言，让我有段时间饱受孤立无援的折磨。

在那样的日子里，我有天和某事业部部长一起去店面巡视。当时，我一不留神就向他吐起了苦水："有件事情着实困扰了我很久。"

或许是因为两人单独在车上，所以我有点卸下了心防。

照理来说，社长不应该对下属说这种事，但他似乎很高兴身为社长的我愿意对他吐露心事。

他安慰我："岩田先生，无论如何我都会支持你的。"

即便再怎么委屈，至少还有一个人愿意支持我——这样的想法成了我的救命稻草。

那位下属让我明白一个道理，只要是值得信赖的对象，偶尔对他们吐一吐苦水也是很好的排解情绪的方式。

我在日本星巴克期间，也曾经发生过类似的事。

当时有位事业部部长鼓励我说："我认为岩田先生说的是对的，所以请照您的想法去做吧，我愿意追随您的脚步。"

我想他们愿意对我说这样的话，肯定是因为他们明白我真心想让公司变好的苦心。

如果我总是向人吐苦水的话，大家对我的观感恐怕早就变成"什么啊？岩田先生怎么一天到晚只会抱怨！"

当初这些下属由于知道我吐的"苦水"，全都出自于我想让公司变得更好的希望，却因为理想跟现实的差异而无奈感叹的真心话，所以他们才愿意助我一臂之力。

这种苦水不仅表露出我面临的问题，也是一种积极正向的不满。就这层意义上来说，向人吐苦水有助于事情的正面发展。

然而，同样是负面情绪，当我们向人抱怨："我做了这么多，薪水却这么少！"那只不过是自己在发牢骚罢了。任何人听到这些不满，应该都不会感到同情吧？说不定还会觉得："抱怨什么？我还不是一样！"

但若是像"总公司应该花更多心思，解决门市伙伴的困扰才对"等，这种积极正向的不满，周围的人听了才想要尽一己之力。

把自己的真心话毫无保留地说出口，有时反而能让对方心甘情愿地助我们一臂之力。

下一次，当你想要对某人倾吐自己的不满或苦水时，请先认清楚眼前的对象是谁，然后静下心来想一想，你想说的究竟是问题根源的真心话，还是单纯的抱怨而已？

Chapter 3

让对方"秒懂你"的沟通法则

——表达方式决定人际关系的好坏

财富、权力和幸福会随着沟通能力的提高而越聚越多。
无论在商场或生活,这都是我们最重要的工具。
若能持续磨炼沟通技巧,并用来帮助他人,
人生也会越来越有意义。

——罗伯特·T. 清崎(《富爸爸穷爸爸》作者)

11 把心力投注在"一对一"交流

沟通注重的是"质"与"量"

人与人之间是否能建立起信赖关系,视沟通的"质"与"量"而定。

"质"指的是沟通内容是否具有深度内涵,"量"则是指沟通次数。其中,加深信赖关系最有效的方法,就是"一对一"地谈话。

与其参加十次一对十的会议,不妨参加一次一对一的谈话,后者绝对更有助于与人建立密切关系。

过去不管在日本美体小铺还是日本星巴克,我都会在就任社长以后,立刻安排与每一位总公司主管级以上的同事,进行一小时左右的面谈。这种做法的目的就是希望借由一对一面谈的机会,深入了解对方现在正在进行的工作内容、当下碰到的困难、今后想完成的事、公司的前景或目前能否察觉到任何异状等。

对于我的要求，当时负责安排面谈时间的人力同事曾说："因为大家都很难挪出时间，不知道能不能改成两三个人同时进行呢？"但我还是坚持采取一对一的形式。

我认为，如果采用多人面谈而非一对一面谈的话，大家或多或少都会因为在意彼此而不敢说出真心话。

虽然面对面一对一地沟通，是最能够深入交流的一种形式，但我仍不可能对公司所有员工都安排一次一对一的面谈。

在我担任美体小铺社长期间，虽然总公司的员工人数大约是六十人，但全日本的门市差不多有一百家，这样算起来，就约有一百位店长，更别提每一家门市还有各自的一定数量的员工和数不清的兼职人员。换到星巴克以后，当时的门市数量也有将近九百家之多，我当然不可能一一走访每一家门市，所以我决定以区域为单位，每次召集三十名左右的店长，和我围坐一圈进行"圆桌会议"，针对各种话题交换意见或由我回应他们的问题。

由于全公司上下一共有超过两万名伙伴（在星巴克，所有员工都被称作伙伴），我当然不可能与每位员工都有交流意见的机会。因此，我决定采用"电子邮件"的方式与所有伙伴对话，于是有了后来的"管理信"。

每个星期一的例会结束后，我都会把例会内容用电子邮件发送给所有门市。邮件内容不仅包括营业目标及各门市业绩等信息，还包括我正在思考的事、希望大家集思广益的事、为门市店长打气的名言佳句，甚至还有为了增进亲和力而分享的私事。

有时还会收到员工回信说："今天的内容给了我非常大的鼓舞，谢谢您！"这让我觉得自己的心始终与大家紧密相连。

即使难以达成面对面的沟通，还是可以通过其他方式来传达自己的心意，最重要的就是习惯把每一个人都放在心上。如此一来，书写的内容和行文方式也将出现明显的不同。

依据时间、地点、场合选用不同方式

无疑，一对一是最适合深入交流的形式——作为沟通的基础，其重要性毋庸置疑。不过，最近我开始有了一些新的想法。

随着时代的变化，我发现面对面、电话和电子邮件等沟通方式扮演的角色也逐渐发生改变。

就以电话来说，只要智能手机一响起，我心中就会不由自主地想："为什么要打电话给我？"虽然是我自己把电话号码告诉给别人，似乎不该有这样的心态，但有这种想法，原因不外乎是我不可能随时都能接听电话。

如果我在外面接到联络行程的电话，也不可能直接记录下来，后续在安排行程时，可能会发生些许遗漏的状况，有时甚至会不小心重复订位。但如果使用电子邮件的话，就能够仔细地进行确认，因此就能够减少对内容的误解或行程安排上的疏漏。

现在的我是"一人公司"，没有秘书帮忙，也没有专线电话，在外奔波的时间也很多。

因此，凡是工作上的往来，我都会请对方通过电子邮件与我联络。即使对方用电话与我联系，我还是会拜托对方："实在很不好意思，为了保险起见，能不能麻烦您将刚才的内容给我发到电子邮箱呢？"

即使是面对面沟通，依据时间或场合的不同，也可能不是最合适的沟通方式。

比方说演讲场合，主办单位经常希望我在事前和他们开会，借此机会彼此认识一下，但有些时候，开会内容其实只要几封电子邮件便可解决。

站在对方的立场，他们可能认为必须亲自和我见一面才算是有礼貌的表现，但是为了那三十分钟的会议，有些人甚至必须从大阪或福冈远道而来。

在这样的情况下，**若考虑到时间和金钱等因素，即使双方不当面沟通也无所谓，而且面对面还可能演变成另一种情况**，就是有些人会提议："哎呀，不如我们先去喝一杯再说吧！"

如果是为了讨论工作，我当然很乐意同行，但如果没什么特别的理由，纯粹为了喝酒就耗掉两三个小时的话，现在的我会尽量拒绝这样的邀约。

一般来说，大家都认为与其用电子邮件往来不如打电话，与其打电话不如面对面沟通。以前的我也认为这是百分之百的铁律准则。

我总觉得："重要的事情怎么可以只用电子邮件交待呢？"但时至今日，电子邮件几乎取代了许多生活及工作上的细节，这样的想法似乎就不再那么理所当然了。

对方偏好什么样的联络方式？什么样的沟通方式比较妥当？

在邀约行程或联络事项时，最好发挥一下想象力，选择一个不会给对方造成压力或困扰的方法。

一对一地谈话是最能够深入沟通的方式。虽然这项原则至今普遍通用，但有时还是必须依据时间、地点或场合，而选用不同的方式。

12 随时把"状况、对象和内容"放在心上

一封邮件，一项信息

"一张简报，一项信息"是我在外商顾问公司服务期间学到的技巧。

在使用 PowerPoint 准备资料时，一张简报只传达一项信息。否则，太多信息反而让人不知道你到底想表达什么。

这个技巧也适用于电子邮件，也就是"一封邮件，一项信息"。**假如有 A、B、C 三个案件，就分成三封邮件寄出，每封邮件只讨论一个案件。**如此一来，对方在回信时也会分成三次答复，A 有 A 的答复，B 有 B 的答复，C 也有 C 的答复，条理分明。

如果有人在同一封电子邮件里提及 A、B、C 三个案件，此时，我就会依照案件分成 A、B、C 三次回信。

虽然每一封信都要从"感谢您长期以来的关照"开始，

确实有点麻烦，但对双方来说，这种做法反而比较有利于后续整理。

此外，当转寄给他人或搜寻信件资料时也比较方便。

安排行程的时候也一样，如果在同一封邮件里讨论多个行程，很容易将已确定的行程和未确定的行程混淆在一起，最后反而必须花更多时间向对方一一确认。

像这样在一封邮件里讨论两个以上的案件，若按照人类的记忆力极限，恐怕很难清楚地理出头绪吧。

这种"一项信息原则"也适用于面对面沟通的场合。比方在"有三个问题"的情况下，比起连续提出三个问题，让对方一次回答完毕，不如在一问一答完成以后，再提出第二个问题，反而更有助于双方的沟通成效。

若三个问题互相关联的话也无所谓。万一三个问题的内容都关联不大，不但会让彼此感到混乱，甚至还要努力回想"第一个问题是什么啊？"这样一来，便无法进行有效的对谈。

再次强调，"传达"和"告知"是不一样的两件事。

在传达信息时，究竟要投出什么样的"球"，对方才容易接到呢？若能在投球之前稍微想一想，其中的效率和正确度肯定也大不相同。

面对面交谈或邮件往来时的第一句话

在投掷"信息球"时，我会先思考三件事：

"现在的状况是什么？"
"我面对的对象是谁？"
"我要传达的内容是什么？"

现在的状况很紧急吗？还是没什么大碍呢？对象是长辈，女性，还是下属呢？这是好消息，还是坏消息呢？

传达的方式必须依据情况不同而有所改变。如果事态紧急的话，必须开门见山地说明情况和目的。如果和对方只是点头之交，自然必须保持谨慎的态度；如果是交情不错的对象，语气稍微随性一点也无所谓。

接下来请思考目的，只是为了传达情报，征询对方的意见，还是有深入讨论的必要呢？这些也都会影响到传达的方式。

即使是同样的内容，也必须调整说话的方式、时机或渠道，然后做足万全准备。如此一来，传达方式自然会有所改变。

若想向人传达某项信息时，我建议可以采取以下方式：

简单地逐条列出重点，若同时传达多项信息时，则应事先把顺序也纳入考虑。一般来说，先说负面消息，再说正面消息，比较能够让人留下好印象。

不过，在事态严重又棘手的情况下，最好只传达负面消息。至于正面消息就留待其他机会再说，这是比较妥当的方法。因为对方在极度震惊的情况下，很可能已经无法接收其他不相关的话题。

身为上司的我在倾听下属报告时，最在意的就是对方要讲的究竟是"好消息"还是"坏消息"。

如果是好消息的话，我就能够保持轻松的心情；如果是坏消息，我就必须严阵以待、仔细聆听，在某些情况下，甚至把相关人士都叫来一起了解状况。

在传达信息时，我都会先从"结论"开始。这是商场上的"铁律"。

若能在一开始就表明"有个好消息""有个坏消息""发生了紧急状况""新产品的质量出了问题""有件人事问题想找您商量"的话，对方应对的态度也会明显不同。

"岩田先生，今天傍晚请您留一点时间给我。"如果一大早收到这种电子邮件，我接下来一整天都会坐立不安，满心想着对方要说的究竟是好消息还是坏消息？是公事还是私事？如果对方能在邮件中交代清楚，就算只有短短一行也能让我安心许多，而且万一碰到客诉（客户投诉）或品管（商品管理）问题等状况时，即使推迟其他工作，我也必须立刻挪出时间来处理。

通过电子邮件传达信息时，直接在标题处写上结论，是一种体贴对方的举动。

日常的对话最好也从结论开始，这是让后续沟通能顺利进行必不可少的环节。

传达坏消息时该如何开口

在所有传达方式中，坏消息恐怕是最难以启齿的一种。虽然方式可能依对象或状况而稍有不同，但先说结论并主动"道歉"是相当重要的。

一开始先慎重表示"非常抱歉"，然后再说明实际状况："因为这样的原因，所以……"

唯有一点要注意的是，道歉的举动不见得适用于其他国家。

举例而言，在美国加入汽车保险时，保险公司都会特别交代：不可以立刻说出"对不起"。因为发生车祸的时候，一旦说出"对不起"三个字，肇事责任就会全部落在自己头上。

在绝大多数的车祸中，对方也有一定程度的过失责任，很少出现过失比例 10 比 0 的情况；但日本人在遇到车祸时，即使对方的过失比例较高，如 2 比 8、3 比 7 等，通常第一个反应都是说："对不起。"这就是为何要特地交代"别说对不起"的原因。

不过，若是发生在日本的话，我想，道歉还是第一要务。

首先必须从承认自己的错误开始。站在对方的角度，对于一个愿意主动认错并道歉的人，自然不会太过严厉地去追究。

当然，如果遇到趁机把责任推卸到别人身上的人，还是必须据理力争才行。至于最不应该出现的行为，就是逃避责任，把所有过错都怪罪在他人头上。如此一来，双方都会变得感情用事，没讲几句就开始"硬碰硬"，原本能够解决的问题反而变得难以收拾。

无论在工作场合或日常生活中，面对一个不肯自我反省的人，人们通常都会严加谴责。

我在遇到不肯自我反省的人时，态度也会相当严厉。

如果对方不认为自己有错,我就必须借此时机让他意识到这一点,否则,将来还会一错再错。

但假如对方坦诚地道歉,我反而会以安慰取代责备:

"谢谢你第一时间就告诉我这么难以启齿的事!"
"连你都会出错的话,那么,这个客户想必是真的很难缠吧。"
"我们一起想想该如何回应吧。"
"继续努力,下次别再犯同样的错。"

这样之后,才开始建议对方下一步该怎么做。

越是坏消息,越应该从结论开始说起。如果是自己的责任,那么一开始就要说:"真的很对不起。"

不同的态度会让你显露不同的气度,也会让对方后续的反应大不相同。

13 使用"对方惯用的语言"

别只会说些"自以为是的话"

人生在世,难免会碰到一些总把简单的话说得很复杂的人。而我在演讲或写文章时,也实在说不出什么"自以为是的话"或"很难懂的话"。

有一次,我在报纸上看到一则经理人培训班的广告,里面用到"aufheben"这个德文单词。翻了一下字典,字典里的解释是"扬弃",有种去芜存菁之义。但我在看完后,还是不太明白这个词放在这里究竟要表达什么意思。

当时我心想:"何必刻意选用这么艰涩的词汇呢?"

还有一次,某大学的校长在毕业典礼上,滔滔不绝地发表了四十分钟的世界文明史。

我一方面觉得:"这内容的格调还真高。"另一方面也在他发表谈话的过程中,不断产生疑问:"不知道学生们在毕业典礼上听到这么艰深的话题,内心作何感想?"

虽然这样说很失礼，但我总觉得这些人似乎毫不在意对方的感受，只是一味地想满足自己的表现欲，好让其他人知道"我是个如此见多识广的人"！

到底该用什么方式，才能简单明了地让对方知道自己想传达的信息呢？正如前文一再强调的，"告知"和"传达"是两个完全不同的概念。

不管谈论的内容如何深奥，只要无法让对方听得懂，就达不到任何目的。不管谈论的内容是什么，若无法依据现场需求传达到让对方充分了解，那就一点意义也没有。

使用对方熟悉或惯用的语言——这是沟通当中最基本的常识。

然而，一般人似乎觉得使用专业用语，听起来比较高端、比较厉害。

我在担任美体小铺社长时也有过这样的经验。当时有一种商品的名字叫作"エクスフォリエイター（去角质剂）"，当你听到这个名字的时候，知道它是什么东西吗？

连有留学经验的我，都没听过这个名字。简单来说，就是一种去角质洗面乳，但我实在不明白为什么不直接取名为去角质洗面乳就好了。

还有很多商品的名称，都让我这个"普通大叔"百思不得其解。在我进公司之前，甚至还有到门市试用产品，却误把足用保养品涂在脸上的经验。

如果我是对方的话，我会怎么想呢？我听得懂这种表达方式吗？

对一个没有学过财务金融的人说"现金流"或"净现值"等专业用语，对方很可能听不懂。

这时，即便对自己来说是熟悉的名词，也是一种失礼的行为。

但相反地，假如对方是商学院毕业的话，与其说"钱的流动"，不如说"现金流"，这样对方更容易理解。

就像我们在跟小婴儿说话时，自然会转换成婴儿的语言一样。在传达信息时，应该先考虑对方的性别、年龄、经历、职业、兴趣等条件，选择一种对方听得懂的语言来进行沟通。

即使在同一家公司服务，对方进公司几年？是不是从别的公司跳槽过来？他的经历或所属部门是业务、会计还是人事？这些都会影响到我们应该选用什么语言来沟通。

先想象一下对方的背景，再选择对方容易理解的语言。这是一件非常重要的事，但做不到的人远比想象中的还要多。

举刚才的"aufheben"为例，如果换一种说法，改成："用一个生活上的例子来表达，就是哥哥想吃'咖喱饭'，弟弟想吃'面包'，最后两人决定吃'咖喱面包'，这就是一种去芜存菁的概念。"这样是不是就比较容易理解了呢？

用对方听得懂的语言说话，是沟通最基本的常识。

运用数字来增加说服力

如果想要把信息确切地传达给对方，只要**在对话或简报中，加入具体的数字即可**。这是美体小铺创办人安妮塔·罗迪克教我的技巧。安妮塔到访日本的时候，美体小铺正在推动"反家暴运动"。

安妮塔告诉我："你在印制宣传手册时，应该大大地标出具体的数字，告诉大家平均每五位日本女性就有一人曾经遭遇家暴，或是日本每年都有超过两万八千名受害者向警方寻求协助。"

再举另外一个例子——"每天一点一滴地努力，长久下来会创造出巨大的差异"？若改用以下的方式表达，效果又如何？

1.01 的法则：$1.01^{365}=37.8$

每天比前一天多努力百分之一,一年后会成长至37.8。

0.99 的法则:$0.99^{365}=0.03$

每天比前一天少努力百分之一,一年后会退步为0.03。

像这样运用数字来表示,即可大幅提高说服力。

对方也会实际认识到,原来每天多努力或少努力一点,一年之后竟会出现如此大的差异(我在自己的脸书上发表这项信息,还得到超过八百个点赞数呢)。

说来惭愧,在刚进公司的菜鸟时期,我也曾发生过这么一件小插曲。

当时负责带我的上司,看我工作时不太能够集中精神,便偷偷观察我平常都如何分配工作时间,并把结果记录下来。他每隔十分钟就向我确认一次目前的工作内容,最后再用数字呈现出来,让我知道自己分别在哪些事情上花了多少时间。

结果显示,我真正在做分内工作的时间连20%都不到,很多时候我不是在跟周围的人聊天,就是离开座位跑去其他部门串门聊天。

看了这份统计资料以后,我哑口无言,因为具体数据就摆在眼前,根本毫无反驳之力。

还有一次是我担任汽车业务员期间。当时由于业绩不错，经销商老板在众人面前表扬我说："岩田很努力，在一年半之内发出两万张名片！"由于两万张名片确实不是小数目，因此，在场的人听了自然明白我做了多少努力，而不是因为运气好才卖出这么多辆车子。

在向人传达信息的时候，如果能加入客观的统计资料或数据，听起来会较具说服力。

你的上司比较擅长"倾听"还是"阅读"？

根据我个人经验，日本人在跟外国人沟通时，因为语言的隔阂和文化的差异，确实比较容易遭遇困难。

我在可口可乐公司工作时，上司是澳洲人。他的英语口音很重，而且用词也跟我在美国听到的英语相差甚远。

他总是用我难以理解的词语下达指令，有时我连他说什么都听不懂，当时可以说是吃尽了苦头，甚至需要美国籍同事帮我将上司说的英语，重新解读成美式英语。

那个时候我想出的应变方法是"以笔传意"。

这种通过文字沟通的方式，一来可以提高正确度，二来若对方的回信中有我看不懂的单词，也可以再去翻阅词典。有时我还会把自己想说的话列出来，再配合插画或图解进行解说。

在担任日本星巴克社长的时候，我也尽量通过电子邮件与西雅图总公司联络。凡涉及任何紧急情况或重大事项时，也一定会请翻译出席电话会议。

用书写的方式传达信息，可以避免听错或说错的情况，也比较容易确认双方对内容是否有误解。而且不仅限于外国人，适时根据不同对象来选择"以笔传意"，是相当务实的沟通方法。

"现代管理学之父"彼得·德鲁克曾说："向上司报告的时候，必须先了解他是'阅读型'的人，还是'倾听型'的人。"

换言之，在传达信息时，必须依据对象的类型选择合适的方式。

若是"阅读型"的人，就提出书面资料；若是"倾听型"的人，就尽量口头报告。

如果想要确实"传达"而非只是"告知"的话，或许就该用心到这种程度。

而我自己则属于"阅读型"的人。

如前文提到的"比起电话联络，我更偏好以电子邮件往来"，或许就是因为我是"阅读型"的人吧。如果仅用耳听，我很容易听过就忘了，所以最好还是有一份能够反复阅读的书面资料比较保险。

不过,这种事情因人而异,最理想的做法还是先掌握上司、同事、客户等处理信息的类型,再配合他们选择合适的传达方式。

如此心思细腻的举动是一种体贴对方的表现。但一般来说,很少有人能够事先想到这一点。

因此,能够如此心细,自然也比别人更有出头的机会。因为擅长和对方建立起强烈的信赖关系,所以无论处于任何工作环境中,都能成为其中的佼佼者,而这样的佼佼者肯定也都拥有一颗细腻的心。

14 用正面话题开场

人是"情感的动物"

沟通时若想达到确实传达的效果,说话的前后顺序相当重要。同样的内容如果以不同的顺序表达出来,对方的感受也会大不相同。

我在会议上发言时,一定会从"好听的话"开始说起,例如:

"感谢各位提供这么完美的服务。"
"今天从客人那里收到一张令人欣慰的感谢卡。"
"这个商品在××门市大卖!"

我习惯在最开始的时候,说一些让人振奋的好消息、令人开心的话题,或褒奖工作表现良好的人。

因为与其从负面的话题开始,不如先说一些"好听的

话",让会议在和乐的气氛中展开,大家也比较能够维持正面的情绪。

平常和人交谈时也一样。如果遇到某个认识的人,对方劈头就说一些让人心情不好或负面的话题,我们心里自然不会想要延续这样的话题。

反之,如果对方事先调查过我的兴趣,一开口就说:"岩田先生,听说您喜欢打高尔夫"或"我看过您的狗狗,好可爱呀",我可能会忘情地和对方聊起我的兴趣或爱犬,在这种心情愉悦的状态下,我自然会尽可能回应对方的要求。

人是情感动物。如果对方一开始先说些好听的话或自己感兴趣的话题,不但能让人心情变好,也会让人比较愿意聆听对方的要求或负面话题。这一点,无论在日常对话或商业会议中都一体适用。

一味地晓之以理并无法深入到对方心里去,所以,掌控好"情"和"理"的平衡十分重要。

有些人会在一开始先投下一颗"震撼弹",事后再说一些好听的话作为补偿。

一般地说,作为公司创始人的社长们易出现这种行为,当中甚至有人会先威胁说:"小心我把你们都炒鱿鱼!"然后才进入正题。

或许这种传达方式在某些情况下确实有效，但在建立真正的信赖关系上，这种行为容易造成反效果。

语言的细微差异之力量

发表谈话时，"最后如何下结论"也很重要。

如果有位上司毫不留情地对我说："我先前担心的果然没错，我就知道你会这样。唉，这件事情实在不应该交给你。下次再失败的话，你自己做好心理准备吧！"我应该会立刻考虑跳槽吧。

反之，如果上司换个方式说："这对你来说很困难，是吧？没关系，我仍然对你下次的表现有所期待。"这样，我反而会心想："好！我下次一定要好好努力！"

第二种表达方式显然比前一种效果要好。

说话时怀抱着"这一次虽然很可惜，但我还是很期待你下次的表现"这种心意，对于建立信赖关系来说非常重要。

"这件事情实在不应该交给你"和"对你来说很困难，是吧"这两种表达方式听在对方耳朵里，"接收到的信息"完全不同。

由此可知，**即使是表达上的细微差异，也会让人产生全然不同的感受**。当我想对下属说"加油"时，我会刻意地说："'一起'加油吧！"因为我想从这样的细微之处让对方知道："我会在你需要的时候给予协助，如果碰到任何困难，随时都可以跟我说。"

不过老实讲，有时候面对下属的过失，内心确实会感叹："唉，为了帮你收拾残局，大家不晓得又要处理多少麻烦事了。"

碰到这种情况时，我会把它当作一次锻炼，考验我的心胸和气度，同时也会告诉自己，这是身为上司必须扛下的责任，如此一来便能转换心情。

既然是工作同伴，我必须完全信赖对方，并明确表达出我对他的期待。 当这样的心意随时间累积，日子一久，彼此自然会建立起强烈的信赖关系。

15 能让人成长的传达技巧

赞美或责骂时，如何让人能感受到你的真诚

星巴克的优点之一，就是企业内部有个根深蒂固的"赞美文化"。

我在西雅图总公司研习期间，曾在区域会议中亲身体验这样的"赞美制度"。当时，公司让大家在会议开始前，先互相介绍彼此的优点。

"赞美"的语源来自英文的"recognize（承认某人某事的存在）"，含有认可、称赞、慰劳对方的意思。

我认为这是一种非常值得鼓励的文化，因此，便把这种制度也引进日本星巴克。当伙伴之间觉得彼此有什么值得赞美的事情时，就在卡片上写下"×××，谢谢你，帮了我这么多忙"等内容，然后再交给对方。

以下是我在某心理学家的著作中读到的一段内容：

"在做任何决策时，若能保持积极正面的心情，答案的

正确率将比平常高出约 40%。"

科学上也已证实此事。

此外，如果一直采取严厉训斥的态度，被训话的人迟早会听到"耳朵长茧"，逐渐习惯一直有人在耳边唠叨，等到真正碰上应该注意的事情时，反而会觉得"怎么又开始了"或"实在太啰唆了"。

如果因为这样就经常夸奖对方、说一些满嘴违心之论的话，离真正的信赖关系还有好长一段距离。

重要的就是维持二者平衡。有值得赞美的地方就大方表扬，有必须提醒或斥责之处，也要确实地让对方知道。

七分赞美，三分训斥。

我认为这是最好的比例。尤其日本人并不擅长赞美别人，如果能用心表达对他人的赞美，就能取得良好的平衡。

然后请切记——赞美的时候要真心赞美，训斥的时候也一样。

不管是赞美也好，训斥也罢，唯有发自内心的言论，才能真正说到对方的心坎里去。

不要出其不意地训斥他人

有了下属或晚辈以后，很多人会有这样的烦恼，究竟该用什么方法训斥他们才好呢？我以前也是这样，该如何训斥下属真是件十分困难的问题。

虽然我在前文提到，想要向对方传达某项信息时，应该采用"一项信息原则"，即不要一次说太多事，但这项原则并不适用于训斥下属的时候。因为几乎没有人会因为单一的理由，就出其不意地训斥他人。

在大部分情况下，我们想要训斥某个人时，都是因为他已经累积了好几张黄牌，在最后这一局拿到红牌，所以才不得不判定他退场。"前几次的问题我都忍下来了……但这次实在没办法了，得说说他才行！"我想所有上司在训斥下属时，应该都是同样的心情吧。

在发生严重的问题时，事前一定会有几项征兆。比如说，今天因为联络疏忽而发生了问题，负责人是个平常开会就不太专心听讲的下属。这种时候即使对他说："你就是因为没有仔细听我说话，才发生这种问题。"对方也有可能会心想："才没这回事呢。"

但若举出两三个具体实例呢？

"我记得那一次发生问题，也是因为你没联络 A 公司和 B 公司，对吧？然后这次的会议你还是一样没仔细听我说话，所以才会漏了 C 公司，不是吗？"

如果只因为一次的疏失而训斥下属，一旦对方辩称"那是不小心的"，我们就无话可说了，但如果举出几个原因相同的事例，此时对方就不得不接受。

在训斥下属的时候，如果能多举出几个事实，说服力也会大幅提升。此外，最好如前文所述，先说"好听的话"再说"不好听的话"，也就是先褒后贬。比如说，先找出好的地方夸奖对方"你最近很努力呢"，接着再告诉对方"但这件事办得不太好，以前也发生过一样的状况，只是那时候没酿成什么大问题"。

先找出一些值得赞美的地方夸奖几句，再针对自己在意的部分，指导对方可以如何改善："××做得不错噢，不过，如果能这么做的话就更好了。"

有些人会出其不意地训斥下属，这样做很容易让对方下意识地产生防备或抗拒之心，反而无法顺利达到原本的意图。

训斥的目的并非是让对方知道自己有多生气，而是为了指点对方哪里做得不对或不够好，让他能够有所改进和成长。

既然如此，当然要选择一种能够让对方心平气和接受指教的传达方式。

除此之外，还有一点必须注意——不要伤害到对方的自尊心。

我自己经常使用的表达方式是："这不像你会做的事。"

如果能从这种小地方让对方知道，他其实可以表现得更好的话，一来既不会伤到他的自尊心，二来对方也比较容易接受批评指教。开口训斥别人非常不容易，所以更应该谨慎、斟酌。

夸奖的时候在众人面前表扬，训话的时候则尽量一对一，这是基本原则。唯一例外的情况是，每家公司或组织内部应该都有扮演"苦角"的角色。这些人已经和公司建立起信赖关系，即使被责骂也不会轻易灰心丧志。如果有这样的人物，大可把他当成"代罪羔羊"，在大家面前板起面孔说出想对所有人说的话。

之所以这么做，一方面是相信那个人可以把训话的内容当成养分，迅速振作起来，另一方面也是在警告那些真正应该反省的人。

像这种例外的情况，不妨选择在众人面前训话。

让人心悦诚服地指点

同样的训话内容,从值得尊敬的人嘴里说出来,和从不值得尊敬的人嘴里说出来,倾听者的感受大不相同。

如果被一位不值得尊敬的上司训斥,即便他骂得口沫横飞,被训斥的人依然听不进去,甚至内心还会充满怨怼。

我自己也一样,如果有位我非常尊敬的人对我说:"岩田,你当初如果这样做,不是比较好吗?"这时候,即便他不是以严厉的口吻斥责我,我还是会认真地把话听进去。

正如本书一再强调的重点:说话者是"谁"比"说了什么"更重要。

若说话者的人品高尚又值得尊敬,即使他只是简单交代几句,而不是整天耳提面命,对方也会觉得"既然他都这么说了"那就开始认真地自我反省。

《论语》里有这么一句话:"其身正,不令而行;其身不正,虽令不从。"意思是当领导者自身端正时,不必下达任何命令,众人也会自发性地采取正当行动;当领导者自身不正时,纵然下达命令,群众也不会服从。

身为一位领导者,"先修身而后治人"是非常重要的事。

不管是赞美还是责备,空有一张嘴是无法说到对方心里去的。重要的是,说话的内容是否有懂得为对方着想之"情",以及不怀抱任何私心之"德"。

我认识一位"嘴巴很坏"的社长。虽然他在我担任汽车业务员期间很照顾我,但我们第一次见面的时候,他就对我说:"你来这里干吗?"

这个人虽然一开始表现出一副想找人吵架的样子,但熟悉之后,他给了我相当多的支持。虽然直到今天,他还是动不动就对我说一些很不客气的难听话,但我明白那是因为他一直都把我的事情放在心上。

"从心里溢出来的东西,会灌注到心里去。"这是我很喜欢的一句话,也是我的座右铭。

16 哪些话必须谨慎使用？

要如何说"谢谢"？

如前文所述，我在担任美体小铺或星巴克的社长期间，几乎每星期都会发送管理信给所有的门市。从我在游戏制造商 ATLUS 担任社长的时候开始，我已经连续写了八年的管理信，累计超过 300 封以上。

我原先并不是个擅长写文章的人。老实说，每星期日晚上准备动笔之际，我总是感到心情郁闷，仿佛罹患了"海螺小姐症候群[1]"。

---

1 海螺小姐症候群：《海螺小姐》是由日本富士电视台在每周日晚间播放的动画，也是最长寿的动画。大家对这部动画的普遍印象等同于所谓的"周一症候群"，因为看完这个节目后，隔天就必须面对要上班的忧郁星期一，因此，这种身体不适和倦怠等症状又被称为"海螺小姐症候群"。

总公司会在星期一早上举行例会，而我原则上会在星期日晚上完成例会用的草稿，并在隔天早上的例会结束后，当天就发送给所有员工。在美体小铺时是以每星期3000字为目标，而在星巴克是以每月平均两次、每次1800字为目标。

每次为了写这些文章，至少就要耗掉三小时。每当星期日傍晚六点半的《海螺小姐》主题曲开始放送时，想到"又得开始写了"，我的心情便会沉重起来。

每星期这样写，实在是个很大的负担，我有好几次都起了放弃的念头。然而，每次亲临门市，伙伴们都会对我说："我每星期都非常期待收到岩田先生的信！"或是："我很喜欢岩田先生的文章，内容浅显易懂。"很多门市甚至把我的信贴在员工休息室里最显眼的地方，让大家可以随时看到我的信。

托他们的福，最后我竟然就这样连续写了八年的时间。

最近我收到一位前员工的信，他说我常在信里写"请大家加油喔"，语尾的那个"喔"让他感到很亲切，而且信最后的一句"谢谢"也让他感到印象深刻。他让我再一次感受到大家是多么认真地在阅读我的信。

而我是如何把信息传达给对方的？

其实，我只是直接写下我当时的心情而已，但这些细枝末节的修辞或感谢的话语，便能够把我的心情传达出去，让对方产生亲切感。

我总是用一种像是在对员工说话的语气写信，因为大家都是同一条船上的伙伴。那种心情就好像写情书给恋人一样——不知道大家现在正在做什么？是不是还是一样有活力？有没有碰到什么困难？这就是我下笔时的心情。

我并不是站在社长的立场在书写，而是抱着"同样身为这家公司的伙伴"这样的心情来撰写。

通常，我会尽量在一开始先写一些自己身边发生的事。因为我认为，与其一开始就提到营业额或利润，不如写一些"我这个星期去打了高尔夫球"或"我赢了业余的棒球比赛"之类的消息，应该比较容易让人产生"喔，原来岩田先生是这样的人啊……"这般的亲切感吧。

虽然曾经有人认为管理信是公司内部的正式文件而要求我："岩田先生，请你不要太常提及自己的私事。"但我一点也不在意。员工跟我一样，"大家都是伙伴"。我并不会因为社长的身份就自认为比别人了不起。若用棒球来比喻的话，只是大家防守的位置不同而已，绝对不会因为这样就显得谁比较伟大。

对于自己的伙伴，我只是很单纯地想要传达我内心的感谢。

我心中总是对大家充满感激之情，从来没有想过要让大家觉得我有多厉害或多了不起。

或许就是因为我一直怀抱着这样的心态，所以才会自然而然地在言谈之中表露出来我的心情吧。

让我不禁厉声训斥的不当用词

曾经我服务过的一家公司请我回去演讲，对象是参加干部研习的员工。当时，负责人力资源的年轻员工在发问时，把在经销据点或工厂工作的人称为"末端"，我听了以后不禁厉声训斥，请他注意自己的用词。

对企业而言，经销商或下游工厂都是不可或缺的重要角色。因此，一位负责人事或人力资源方面的员工，竟然把在其中工作的人称为"末端"，这是相当不好的示范。

虽然我知道他完全没有恶意，但还是必须提醒他注意自己的用词，别忽视语言的重要性。

我在担任社长期间，都尽量避免使用"第一线"这个词，通常我都会称"门市"或"门市的伙伴"。因为我认为大家都是为了相同的目标齐心协力，所以不应该在言语上把总公司和门市做区别。

社长、正职人员或兼职人员的差别只在于工作内容，彼此之间并没有任何阶级之分。

"因为你是劳务派遣员工。"
"因为他是合同工。"

这些都是大家习以为常的说法。

但对我来说，"正式员工比较了不起、合同工就没那么了不起、劳务派遣员工更加卑微"之类的说法，根本完全无法成立。

重要的是这些人能对公司或同事做出多少贡献。

然而，一般人还是会因为雇用形态的不同而怀抱着一种阶级意识。我们会因为公司对待自己的方式，而表现出不同的工作态度。

在星巴克，即使是兼职人员也要接受七十个小时以上的教育训练。正因为我们愿意花费比一般公司训练正式员工还要多的时间，耐心给予指导，甚至灌输员工有关公司的愿景，所以才能够拥有如此优秀的服务质量。

如果一位正式员工对公司没有做出什么贡献，就是一个比兼职人员还不如的人。如果一个兼职人员或劳务派遣员工对待工作既努力又积极，对公司来说，就是一个非常重要的人。

瞬间让人感到失望的说话方式

既然有足以建立强烈信赖关系的传达方式，当然也会出现让人瞬间失去信赖感的话语。

比方说，很多中层主管会说出这样的话：

"我也觉得很奇怪，但这是上头的旨意，所以我也无能为力呀。"

"上头的旨意"是让下属失去工作动力最经典的一种说法。

说话者本人或许是为了把困难的工作丢给下属而找借口，也有可能是为了替逃避责任的自己辩护，但无论动机是什么，都只会给对方留下负面的印象而已。

"那你为什么不明确地表达出自己的意见呢？"

"连你都无法接受的事，为什么还要丢给我去做呢？"

"原来这个人不过就是个'没问题先生'啊……"

若站在下属的立场，肯定会觉得"怎么想都很奇怪啊"，因此，面对提出这种指示的人，当然只会感到失望而已。

不过有时候，**如果以个人的眼光去看待某些事情，可能会让人觉得无法接受，但若站在公司整体的立场去思考，会产生不同的结果。**

举例来说，如果有某客户向公司提出对某员工的投诉，但那件事情完全是客户的错，此时下属如果听到上司说：

"总之，你先跟对方道歉。好好处理这件事情。"

下属一定会恼怒地想：

"明明是对方的错，为什么还要我去道歉！把我当笨蛋吗？"

"为什么我就非得去做这种事不可呢？"

假如对方公司的社长，曾经在我们公司岌岌可危之际出手相救的话呢？虽然仅从投诉这件事来看，可能会认为对方的说法强词夺理，但若从整体来考量，或许向对方道歉是比较好的做法。类似的情况确实有可能发生。

若能明确告知理由：

"过去，这个客户确实帮了我们公司很多忙，所以这一次即便是对方的错，我们也要负起善后的责任，就当是回报对方的恩情吧。"

员工听了也会比较容易接受，从而产生以下想法：

"原来如此。以前曾经发生过这样的事啊，那就没办法了。"

"我本来也有相同的疑问，但问了部长之后，才知道有这样的缘由，所以，我们必须这么做才对。不好意思了，这回要委屈你了。"

即使是一开始难以接受的事，只要听到这番详细的说明，应该都能够理解公司的立场，也借此机会明白公司经营的复杂之处。

公司里职位越高看得也越宽广，有时确实会发生一些基层同事无法以同等高度看待的事。

此时，领导者应该尽量说明缘由，解释自己为何会做出这样的决定。如此一来，大家不但会心服口服，若下一次再发生同样的状况时，也能够立即处理，而不必大费周章地征询主管的意见。

不仅告诉对方"该怎么做",还要说明"为什么要这么做",让对方知道整件事的来龙去脉,这才是领导者的重要职责。

足以破坏整个组织的禁语

不管是上位者还是下位者,总有一些人会在还没开始做事之前,就先说一些否定的话语:

"反正又做不到。"
"反正事情不可能那么顺利。"

这里的"反正"是打击公司全体士气的经典否定用词之一。一旦有人说出这样的丧气话,很容易让所有人都失去动力。

另外,有些人在接到上级的指示后,也会立刻搬出一些"做不到的理由":

"因为……,所以办不到。"
"因为……,所以不可能。"

如果是实际尝试之后，才发现不可能的话，那还无话可说，但若都没试就说这种话，只会让人觉得"应该是你不想做的借口吧"？

"如果要这么做的话，必须先解决这个问题和这个问题。"

的确，在执行任何事之前，必须先考虑"完成这件事情要先注意什么"，但若从一开始就拼命列举一些"做不到的理由"，反而只会显得自己无心做事或能力不足。

更有甚者根本连解决办法也不想，就直接把"做不到的理由"怪罪在公司或上司身上：

"公司又不帮我……。"
"上司又不帮我……。"

当然，其中或许真的有做不到的事情，但基本上，公司或上司不会把不可能做到的事情交代下来。**工作本来就是在有限的条件当中，寻找到一种可以实现的方法。**

到头来，那些说"不帮我……"的人，只不过是在怨天尤人，在抱怨公司或上司的不是而已。

因此，我们千万不能成为那样的"抱怨一族"。

在执行任何工作之前就先表达否定态度，这种消极思考型的人会散发出一种负面的磁场。

我们在面对任何事物时，都应该用积极正面的态度去看待。

不管碰到什么事情，都应该先从"我可以""我做得到""我会努力"的想法出发，而不是从一开始就采取否定的态度。Just Say Yes！

接下来，**平常的用字遣词也必须多加留心。可以的话，尽量避免使用负面的言语。因为语言也有"灵"，说出口的话很可能会化为现实。**

如果整天把"反正我做不到"或"不可能"挂在嘴边，事情就会真的朝这样的结果发展。

不可否认的是：有时确实会面临一些严重失控的局面，让人难以维持正向思考。但即使在这种情况下，最好还是保有"船到桥头自然直""没问题"的乐观态度。

"现在不加把劲的话，搞不好会严重到无法挽回的地步。"

虽然短期之内会持续感受到这股压力，但还是要拼命做好眼前的工作，并全心全意地坚信只要努力就一定会有好的结果。

如果不对未来抱着"船到桥头自然直"的希望，绝对无法持续努力下去。正因为内心怀抱着希望，才能够继续忍耐目前这种煎熬的局面。

持续保有危机意识，我们才会不断地尽最大的努力把事情做好。而在多次努力的过程中，才能够拓展未来的可能性。这是一种连锁效应。

"长期乐观、短期悲观"，这项原则是让事情成功的**秘诀**。

Chapter 4

个人修养在人际关系中的重要作用

—— 为何有些人的人缘好，有些人的人缘差？

> 不诚实，将无法感动他人。
> 若想感动他人，必须自己先由衷觉得感动。
> 自己若无法流泪，也无法使他人流泪。
> 自己若无法相信，亦无法说服他人相信。
>
> —— 温斯顿·丘吉尔（英国前首相）

「17」少了谦虚之心，就无法看到事物的本质

"你的特色就是没有特色"这是称赞？
——我的例子

"很平凡的大叔。"

这是多数人在演讲场合见到我时的印象。看看我的简历资料，上面写着：

"四十三岁担任 ATLUS 的社长。四十七岁担任美体小铺社长，五十一岁成为日本星巴克的社长。"

相信许多人仅仅看到这些内容，大概会想象我这个人应该是具备了大师风范、拥有帅气而有型的领导者外形。

然而，每个见过我的人都会因为我完全不是这种形象而感到惊讶。其实我的外表很普通。参加研讨会的民众寄给我的感想也多半写着："我很惊讶，没想到您只是一位普通大叔！"让我不由得苦笑。

这世上确实有些人生来就是要成为领袖的，所以天生具备了领导者的风范，但我完全不是这么一回事。

就连过去在我的婚宴上，上台致辞的前辈们也这么形容我："岩田老弟的特点就是没有特点。"

我原本以为这是我这辈子难得一次当主角的舞台，至少也应该听到一些赞美。无奈，事实并非如此。

那么，为什么外貌如此平凡的我，能够成为跨国大企业的社长呢？

我自己也没有想过会成为日本星巴克的社长。

我曾在日产汽车担任业务员，辛勤工作、出国留学，在管理顾问公司与游戏产业工作过，在美体小铺努力奋斗之际，最后星巴克找到我。

我也想象不到自己的人生会变成这样。回顾过往，感觉上就像是我在每个时刻的偶然抉择，注定要将这一连串的不可思议联结在一起，而成就今日的我。

我发现人生中没有所谓无用的经验，这或许是因为我无论何时都专注于眼前事物所带来的结果。

看似前途一帆风顺的我，如果要我列举自己的一项优点，我想，那就是"广纳雅言"了。

别人教你的事就先试试；有人推荐书给你就先读读看；

模仿你所尊敬的人，并且身体力行。

通过这种方式向他人学习，补足自己欠缺的才能。即使当上社长之后，我依然保持这样的做法。

当然，他人给予提议时，偶尔也会感到不满或沮丧。但是回头想想，如果其他人都不再给你意见，不就丧失了成长的机会了吗？

"反正不管我对他说什么，他都听不进去。"

如果其他人对你有这种想法，你就完蛋了。即使你有潜力，若是得不到其他人的反馈意见，将无法继续成长。

在这个世界上，与自己想法不同的大有人在。即使对方的意见与我们的南辕北辙，或实在听不进去，我们也应该先竖起耳朵听听看。

假如对方的意见并不会改变自己的想法，那就保持缄默；或在顾及对方颜面的情况下表达自己的意见，你可以这么说："我觉得你的想法很不错，不过，我是这样想的……你觉得如何？"

比起闭门造车，将对方的意见作为参考，反而可以从更宽广的角度看待全局。

我在工作中接触过无数的上司、下属、正式员工、兼职人员，我能够直言："懂得广纳雅言的人，一定能有所成长。"即使必须花上一点时间。

这样的人才能受到其他人的注意，他人也愿意给予建议、援助。只要当事人能够广纳雅言，就能够获得改善，进而成长。

反过来，无法广纳雅言的人就只会在原地裹足不前，这种人等于封闭在自己的世界里。

广纳雅言在工作上或日常生活中，都是让人成长的"最佳武器"。

不过，也该适度，过分听从他人的言论则容易瞻前顾后、犹疑不定。

自己一开始的计划是 A，后来又按照其他人的说法改为 B，听到 C 又改成 C……

太优柔寡断也是一大问题。

对于他人的建议暂且虚心接受，然后再三思考，区分出需要采用和无须采用的部分，这点也很重要。

接受他人信息的能力

担任某外资企业社长时，我曾经给几位董事推荐过我自己读过、有助于思考公司当前策略的书。

当时得到的反应是:

"我不看别人推荐的书!"

也有其他董事表示:

"我坚持不买书!"

虽然有这样的想法是个人自由,但是这样的反应,老实说很令我惊讶。我认为,对于特地推荐好书给自己的人,他们不应该采取这样的回应态度。

如果是谦虚地认为自己尚有不足之处的人,就会乐于倾听周围人的意见。如果期待自己还能有所成长,大方接受别人推荐的书,也没有什么坏处吧。

我之所以开始阅读古代经典,恰好是因为我所尊敬的一位上司推荐给我一些书。幸好这样,我往后的人生也变得更美好了。

我通过与这些董事的往来,明白了凯恩斯那句我多年来无法理解的话是什么意思。

It is much more important how to be (good) rather than how to do (good).

("怎么做人"比"怎么做事"更重要。)

前面提到的董事们确实优秀，工作上表现完美，绝对不会犯错遭人指责，发言也与公司的理念看似有共鸣。若是在一般企业，这样的表现已经算满分了。

但若是在一家以"重视人"为理念的企业担任董事的话，这样的表现如何呢？

这个时候，我深切感受到"to do good"与"to be good"的差别。

当然，"to do good"不是坏事。问题是我希望他们能够成为更好的人，"to be good"。

刚开始可以先从"to do good"着手。例如："因为我想要得到众人称赞"，基于这个动机而在地铁上给老人让座，这不是坏事。绝对比缺乏让座的勇气，结果拖拖拉拉什么也没做更好。

姑且不论动机为何，最后的结果是好的，这就是"to do good"。

从"to do good"开始，逐渐朝"to be good"，逐步累积经验，建立自己的人格。

最重要的是每天朝着提高自身的品德而努力，让自己能够在不经意的状态下行善，这就是"to be good"。

18 培养"逆商",战胜挫折

"一年之后,这些痛苦一定会结束"

虽然现在有机会和读者谈谈沟通术和人际关系,但一如前面所提及的,我也曾经因为理念不合的上司而苦恼人际关系,甚至变得歇斯底里。

事情发生在我隶属日产汽车某单位时。

该单位的一位前辈一心只想早点出人头地,喜欢谄媚上司,总是对底下的人摆出了不起的姿态,而这位前辈的上司(即课长)对于自己的上司(即部长)也总是唯唯诺诺。当时这位新来的部长不喜欢我,似乎也对公司派我去留学这件事深感不满。

我在这些上司手底下工作,工作量大增,再加上公司派我去美国留学的事情已经确定,我必须趁这段时间加强自己的英语能力。当时的我忙得团团转。

有些单位的员工在接受公司指派出国留学后,会将平日的业务调整为只需上半天班，剩下的时间就是加强英语能力或做留学准备。

然而，我在这位部长眼里原本就是个"骄傲自大的年轻小鬼"，现在则更加惹人嫌了，工作量不断地增加，差点把我压垮（我的工作量多到后来出国留学交接工作时，必须由三名同事分摊才能完成）。

公司的工作与留学的准备，两者都是非做不可，但这样下去实在过于吃力，我的英语测验成绩因此急速下滑。

精神上的压力让我一个月内瘦了四公斤，睡不好也吃不下，每天都出现反胃的症状。直到妻子劝我去看心理医生之前，我都没有注意到自己的异常。

此时救了我的，是留学补习班班主任的一席话：

"我相信各位现在每天都过得痛苦又不安。但明年的此时此刻，你们都已经在前往某商学院的路上，而且可以徜徉在绿意盎然的校园之中！"

听到这席话，我眼前浮现出自己躺在校园草地上仰望蓝天的景象，于是我的心情不可思议地变得平静了。

"一年之后，这些痛苦一定会结束"这句话对我来说真是救赎啊。现在的状态如果永远持续下去的话，我必定会受不了，但是这一切在一年之后就会结束，我将离开这里，到一个完全不同的环境。

从此以后，只要感到痛苦或觉得撑不下去时，**我就会想象自己有个明亮的未来——时间会替我解决所有问题，让我脱离现在的处境，接下来一定会非常顺利。**

一旦遭遇阻碍，每个人都会因为不清楚阻碍的高度而感到绝望，但你只要站上更高一点的地方观察，就能够看清阻碍的高度与整体的高度对比，进而让自己的视野有所改变。

假使你现在正为了公司的人际关系而苦恼，只要利用同样的方式改变即可。

如果你目前正处在有一定规模的公司里，应该每三到五年就会有定期的人事变动。如果你觉得与上司合不来，那就想想自己不一定会永远和他一起工作。

如果目前的公司是属于小规模的中小型企业，你或许无法指望能够有什么人事变动的机会，但若是不喜欢业务工作，你也可以考虑做后勤管理工作。

假如真的无法逃避的话，就考虑换工作吧，不需要忍耐到超过了自我极限。在成为商界的精英人物之前，你必须维持身心健全。

姑且不论是否真的要换工作，我认为试着找找其他工作也无妨。想到还有其他机会可以选择，心情也会轻松许多。

若一心想着"我只有这家公司可待了"，还同时不断承受精神压力，这才是最痛苦的事。

一般来说，条件绝佳的跳槽机会并不容易找到，再加上走投无路之时，脸色不好又缺乏自信，在面试时很难给人留下好印象。各位必须随时做好心理准备，下一份工作的条件可能比现在更差，除非是猎头公司主动找上门来，否则就另当别论。

面试时，若面试官问起："你为什么要离开现在的公司呢？"你可不能坦白说出："因为我和上司不合。"这样的求职动机太缺乏说服力了。

在这种状态下，很难得到好结果。不过，试着找其他工作这个举动是很有意义的。你的视野会变得宽广，让自己还有其他路可以选择，心境上也会产生一些转变。或许当你将心思化为行动的那一刻，就会有另一条路为你而开，也因此而遇上意想不到的好机会也说不定。

真到了被逼走投无路时，何不拓展视野，将目光转向外面，试着改变平常的思考模式与行动？

"这个经验总有一天会派上用场"

这段与上司关系不佳的时期,对我来说,却成了莫大的转机。

最大的改变是让我在人际关系上变得圆融,整个人像是浴火重生了一般。

"我怎么会这么脆弱!"

分明很脆弱,为什么要让别人觉得自己很坚强呢?有了这层自觉之后,我不再轻易对人感到愤怒,我开始学会体谅,也觉得自己对其他人比过去和善多了。过去的我,总是兢兢业业,创造出很好的成绩。因此,我也要求其他人要和我一样付出。

一旦不如我愿,我就感到不耐烦,并会说出"你为什么办不到"或"你为什么不动手做"这种话来,现在回想,我还真是傲慢啊。等我通过公司留学资格考试之后,这股傲慢更是到达了最高点。应该是老天爷为了要让我学会戒慎恐惧[1],才让我经历这些痛苦吧。

---

[1] 戒慎恐惧:语出《中庸》,指的是君子在自己看不见、听不到的地方也要心存敬畏之心。

若是没有这些经验，我想，我会变成一个自我感觉良好、不懂他人烦恼与辛苦的讨厌鬼。

我能够变得稳重得体，主要来自自己在那段时期经历的痛苦。现在反而会经常有人问我："岩田先生曾经也有勃然大怒或大声怒骂下属的时候吗？"

指责下属时，我绝对不会大声吼叫，也不会说一些贬低对方人格的话，我会先称赞再指责。因为我绝不会对下属做出自己曾经遭遇过的那些不愉快的事情。

挫折经验能够成为粮食。因为有过这样的过去，于是我开始懂得他人的痛苦，因而也成长了许多。

后来我也经历过好几次人际关系上的烦恼，不过，痛苦的经验和挫折对我来说都是无可取代的财富。

"现在虽然感到痛苦，但我坚信一定能够顺利跨越。而且这样的经验总有一天会派上用场。"

"任何经历过的事都有其意义！"

但等到实际遭遇挫折时，我们很难会这么想。因此，请把这些话放在脑袋里的角落，随时拿出来鼓励自己。万一遭遇挫败时，记得相信自己的潜力。

夜晚终将过去，黎明一定会到来。

19 与上司的相处之道

你的上司是如何对待他的上司的？

再提一个与上司相处的故事。

在我成为"上司的上司"时，注意到一个与上司相处的妙招。

那就是**仔细观察自己的上司如何对待他的上司**。

例如，喜欢拍上司马屁的人，他们希望下属也能够拍自己的马屁。我过去担任社长时，曾经遇到过这种类型的总经理。

这位总经理曾在某知名管理顾问公司工作，经验丰富。我亲自面试后录用他。

他对我十分有礼貌，而且对于我所交待的事也会立刻照办。然而有一次，我从秘书那儿听到这种情况：这位总经理会把脚跷在桌子上，或使唤下属去买烟，风评很差。实际多方打听之后，我发现事实的确如此。

我很惊讶他对待我与对待下属判若两人，依这种个性来说，他对我表现出的敬意应该不是出自真心。

发现这点时，我发现自己上当了，不过，在人际关系方面也学到了极为重要的一课。

我们往往会要求别人做到自己想要的事。只要观察自己的上司是如何对待他的上司，你就能够知道他希望下属如何对待自己。

对上司有求必应的人，也希望下属对自己有求必应。

相反，对上司直言不讳的人，也希望下属对自己是同样的态度。他们喜欢不怕事、肯发表意见的下属。

在人际关系上，上司就像"顾客"一般，他想要的是什么，也必须好好地"市场调查"一番。

我建议的做法是，仔细观察自己的上司如何对待他的上司。

忍无可忍的时候

"我为什么非得对那种人低头不可！"

每个人在面对上司时，都会有这种想法。我当然也有过相同的经验。与没什么实力却握有人事权的上司吵架，你绝对赢不了。

"那家伙真让人不服气！"

心里这么想，却又必须对这样的上司低头、毕恭毕敬，实在很痛苦。

但是，如果我们平常对每个人都毕恭毕敬的话，面对上司时，就无须改变自己的态度，也就不会因此而感到烦躁或自我厌恶了。

只是这么做，还是会面临忍无可忍的时候吧。

此时，不妨试着将自己的高度稍微往上提升一点，发挥一点想象力，俯瞰那位上司的处境。

"他大概正好处于能否升官的关键期，所以才会这么烦躁吧。"

"他现在在公司里的处境也很艰难，董事们给他的压力应该不小吧。所以他才会迁怒于下属，宣泄压力。"

"也许是家庭或生活上有什么不如意吧？"

以这种方式观察对方，心情就会轻松许多，并且将他不合理的态度视为一种可爱的表现，渐渐地，自己也就不会再这么介意。

光靠情绪（情）无法说服自己时，就以客观角度去考量（理）上司在组织里的立场、状况，沟通时就能看到不同的角度。

除此之外，在公司里除了自己的直属上司，还会有其他的上司。如果有值得尊敬的对象出现，应该增加与对方交流的机会。

找对方一起去喝酒或吃饭，有事情就找他商量："我想向您多多请教。"

听到年轻人这样说，相信对方应该不会对你板起脸孔来。你或许有机会打听到自己上司的风评或公司内部的各种消息，更重要的是，别忘了请教对方在年轻时，是采用什么方法工作，学到了哪些东西。

对方如果认为你有能力，而且决定"若有任何机会便会通知你一声"的话，未来一有机会，可能就会把你网罗到自己的部门去。

即使与自己的直属上司合不来，也可以善用其他同级上司的评价。

"我为什么会在这种上司手底下做事……"不要只为了眼前的人际关系叹息，试着扩大现有的人脉。**人与人之间合不合得来很难改变。请记住这一点，将重点摆在追求更宽广的人脉上。**

20 饭局里的"潜规则"

"请客""被请客"的交流

提到社会人士的交流,就少不了喝酒的场合。最近有人问我:"我应该请下属喝酒吗?"

与下属或晚辈一起喝酒时,你不可能每次都请客。如果只是一对一还好,但如果是三个人以上的话,对于薪水还不高的年轻人来说,可是一笔沉重的负担。

然而,自己的收入比下属高却要各付各的,又似乎有点说不过去。假设两个人一起去喝酒的费用是三千多日元的话,让晚辈出个一千日元,剩下的两千多日元则由自己买单,这样做或许比较体贴。不过,情况仍然要视喝酒的次数而定。

既然自己也曾经让前辈或上司请客,现在就是把这些反馈在晚辈或下属身上的机会了。上下级关系就是这么一回事。

这种做法，我不是进入社会工作后才刻意去做的，而是从学生时代就养成的习惯。

我过去隶属于棒球社，如果有机会与几位学弟一起去吃饭，我总会负责支付总金额的一半。这样做不是为了在学弟面前装阔，而是因为过去学长也曾经这样对我付出过。

我的想法是——**我从学长那儿得到过的好处，就反馈在学弟们身上。**

进入社会之后，我也继续延续这种传统。即使年级相差甚远，也不曾一起打过球，学长还是经常请我吃饭，所以我也希望能有机会请学弟吃饭。这是一种正向循环。

就像电影《让爱传出去》(*Pay It Forward*)中一样，将自己曾经从他人身上得到的好处，反馈给其他人。

在公司里也一样。即使不是支付全额也没关系，与下属一起去喝酒时，应该尽量帮他们多付一点钱。或许也曾经有前辈为你这样付出过吧。

但如果职位阶级相差甚远的话，就另当别论了。职位阶级相差甚远代表薪资收入也相差甚大，为了避免被灌上"小气""抠门"等骂名，应该要大大方方全额请客。更重要的一点，可别期待被请客的人会记住这件事。

"不拿收据"所代表的意义

还有另一个经常有人会问到的问题,那就是:"与公司之外的人喝酒时,应该算是工作还是私人聚会?"

"我知道一家不错的店,一起去吧?"
"改天一起喝一杯。"
"我想介绍一个人给你认识。"

有时会遇到客户提出诸如此类的邀约,既不是与工作完全无关,也不是为了谈生意的应酬。

这种时候,**即使你打算报公账,结账时也别拿收据**。这样做是为了告诉对方:"今天我们花的不是公司的钱。"简单来说,也就是在告诉对方:"这是我与你的私人友谊喔。"

若前往消费金额太高的店会觉得心痛的话,那就选择价位中等的店,应该还可以应付吧。

我之所以开始这么做是因为曾经发生了某件事。

当我还年轻时,曾有一位生意上我很尊敬的经营者找我去吃饭。对方是年营收入上千亿日元的大公司社长,所以我一直很期待他会带我去哪儿吃饭,没想到只是普通的居酒屋[1]。

后来他也频频找我吃饭,不过,他带我去光顾的总是家庭式餐厅。但他都是自掏腰包,从没有拿取收据。

他是刻意要让我知道:找我吃饭不是为了工作而是私人往来。我明白他的用心,也为此感到开心。

而我开始自费请志同道合的生意伙伴吃饭,也是基于同样的道理。我希望他人也能够感受到我当时的心情。

当然,如果摆明是生意的场合,把钱用在接待客户的应酬上并不是坏事。话虽如此,也没有必要特地前往高级餐厅。我不明白选择花好几万的高级酒店有什么意义。我听说某位外资企业社长还开了一瓶约一百万日元的葡萄酒,但我并不觉得羡慕。

不过,如果是我尊敬的人私底下请我去吃居酒屋或家庭料理,那会比喝到高级葡萄酒还要让我开心好几倍。因为对方是以个人的心意请客,这点比用公费请客更有意义。

坚强的互信关系就是通过这种交流方式而逐渐建立的。

---

1 居酒屋:日本传统的小酒馆,是提供酒类和饭菜的料理店。

此外，还有应酬交际费等该如何区别公私等问题。

这一点在我刚当上社长时并不了解，不过我认为**基本原则是：假如是自己非得待在那个场合不可的交际，就属于公司的公费。待在那个场合的重要性可有可无，就属于自费支付。**

下属会更严格审视在上位的人，千万别忘了这一点。

21 阅读经典著作,提升修养

"已经四十多岁的人,还说出那种话?"

等到你的身份居于其他人之上时,最重要的注意事项就变成了"品格"。因为站得越高,主宰更多员工的行动,就成了你的首要工作。

下属能够清楚看出上司每一句话背后所代表的品德修养。

你一定听过"修身"这个词。它来自"四书五经"之一的《大学》,原文是"修身齐家治国平天下"。意思是治理天下,必须先端正举止,其次是促进家庭和谐,接着是管理国家,最后才能够达到天下太平。也就是说,在治理别人之前,必须先完善自己。这点很重要。

年轻时,重要的是学会工作技能的基础,也就是各种技巧与知识。首先必须学习"理"与"才"。在这个阶段,你或许还没有多余的精力注意"情"与"德"。年轻时是扎实培养基础技能的时期。比起当一名领导者，更重要的是能够当一名好的追随者，具备广纳雅言的气度，遵照指示贯彻执行。

然后，随着年龄增长，你会开始被要求具备领导能力，能够指导下属、与人交涉。除了工作技能之外，也必须提升品德修养。

一位真正优秀的员工必须充满替人着想的"情"，并培养"德"的品格。三十几岁、四十几岁、五十几岁，地位随着年龄增长而越来越高，品格也越显重要。多数人到了四十几岁面临现实才开始认真思考的事，如果你能够在二十几岁就注意到的话：

"你这么年轻，却有良好的品德。"

当别人如此评价你时，同伴也会对你刮目相看。

"那家伙已经四十几岁了，居然还说出那种孩子气的话？"这就很恐怖了，而且到这个年纪才想改变也已经太迟。

我过去曾经与各行各业、各式各样的人接触过。留在我心里、希望能再见上一面的人，都是具备"情"与"德"的人。

无论在何种行业，成功的人总是能将修身发挥到极致，也就是能够涵养品德、完善自己，尤其是最近，我特别感受到品德的重要。

"我愿意为他付出""只要是他开口，我绝对不会拒绝"等能够吸引众人、让人愿意追随，不是靠头衔或权力，而是品德。**具备"情"与"德"的人，才能获得众人支持而迈向成功之路。**

战后的日本社会认为"只要会读书就是优秀"。这种偏颇的教育观念也导致层出不穷的弊端。

教育若不重视品德，弊端就是制造出成绩优秀却缺乏"情"与"德"的人。每每在电视新闻上看到被称为精英的人却屡屡犯罪，就能够感受到民众对于掌握权力的恐惧。

包括我自己在内，我必须时时刻刻提醒自己修身。如何对抗自己的欲望，为这个世界贡献自己的一己之力，我认为这是必须认真思考的问题。

将阅读所得，应用到人际关系上

那么，究竟该怎么做才好呢？

以我而言，就是从年轻时就利用阅读来学习。我的读书方式大致上可分为两种。

一种是阅读彼得·德鲁克等经管学者所写的商业管理

书；另一种则是阅读《论语》这类具有代表性的经典书籍来提升心灵层次。

也就是说，我刻意选择阅读能够学习"理"与"才"的书，以及能够学习"情"与"德"的书。

多亏有好书相伴，才因此奠定了我思考时的中心原则。

我开始阅读是始于大学时代找工读机会的期间。大学时，我隶属体育性社团的棒球社，白天参加社团活动，工作日五天的晚上在补习班工作或当家教。大四的春天退出棒球社之后，我一边找工作，一边心想应该再多读点书，于是立志一个月要看十本书。

刚开始，我大量阅读工作技巧类的书，以技能学习、时间管理术、理财等这类指南为主。但是，这类书只要读过一本，就会发现其他书的内容大致上都雷同。于是，我开始想要阅读内容更不一样、更有深度的作品。

在这段时期所阅读的书当中，让我印象最深刻的就是《给志在成为领导者的你：松下政经塾谈话录》（洪建全教育文化基金会，2001年出版）。内容是松下幸之助、土光敏夫、牛尾治朗等知名经营者谈到的"思考日本的未来"，给我留下深刻的印象。

进入社会之后，我也读过不少商管书。阅读彼得·德鲁克作品的同时，我也开始阅读伊藤肇的书。伊藤先生是阳明学者安冈正笃老师的弟子，他以简单明了的方式记录安冈老师的教诲。读完他所写的一系列作品后，我开始阅读他思想的起源——安冈老师的作品。

安冈老师的书相当扎实，很难一下子就能读懂。我几乎买下他所有的作品，无法一次读懂的话就反复阅读，渐渐地，我也开始读起其理念源头的中国经典文学作品如《论语》和《孟子》。

安冈老师的《活眼活学：从根本处透视人生》（锦绣出版社，1994年出版）里面的演讲实录是以口头语写成，容易阅读，现在依旧摆在我的书包里，我打算反复翻阅直到破烂为止。

在美国留学的时候，我尤其热衷于阅读中国经典文学。在商学院，我们使用金融、营销等各式各样的规则分析问题，可是越学我越觉得少了什么。

而安冈老师也在著作中提到，自己因为接受了太多西方教育而感到心灵饥渴，所以重读小时候读过的"四书五经"，想找回滋润心灵的甘霖。

尽管时空背景不同，我认为只靠西方合乎逻辑的思考方式，心灵会有欠缺；阅读中国经典文学，就像在沙漠中找到泉水一样，能够安定心灵。

即使不见得都能读懂，但我也在阅读各式各样经管书、古代典籍的过程中，发现事物的基本原则不分古今中外皆相同。

我最近尤其深切体会到人类世界存在着"基本原则"，从古至今，世界各地、各年代、各种人以不同的语言和表达方式，反复传颂着相同的内容。

与其记住许多时兴的诀窍，不如记住几个能够成为中心思想的基本原则，对你的人生更有帮助。所以自古以来，前人就不断提倡："应该要阅读包含基本原则的经典名著"。

这些经典名著跨越千百年流传至今，证明了其具有隽永的价值。古代经典也写着对于"情"的观察，以及人际关系的微妙之处。举例来说，《十八史略》中出现的4517位人物，每个人的个性都有不同的描写，可说是人性研究的宝库。

能够通过阅读来了解人际关系与沟通的基本原则，对于人性就可以有更进一步的了解。

"理"与"才"的书与"情"与"德"的书

对我而言，与其说读书是一种乐趣，不如说是一种学习。因此，我几乎不阅读小说或纯文学，不过也有例外。司马辽太郎、城山三郎的时代小说、探讨社会经济的小说，我几乎全都读过。尤其是司马辽太郎以江户幕府末期为舞台的作品，我反复读了好几次。

这类书介于学习"理"与"才"的经管书及学习"情"与"德"的古代经典之间。《龙马行》（远流出版社，2013年出版）我甚至读了十遍以上，每次阅读都会在心中涌现出热切的斗志。

在决定跳槽之后，到正式进入新公司工作这段时间，我莫名地想要阅读这套书。每次遇到什么事，只要想到坂本龙马那样伟大的构思能力与大胆的行动力，我总能受到极大的鼓舞。

另外，在《坂上之云》（文春文库）之中，我也感受到了明治维新时代从领袖到一般群众慷慨激昂的爱国情操。每次阅读都有不一样的感想，我认为这是一部杰出的作品。

即使是同一本书，也会因为自己在每个时期阅读的状况不同而有不同的解释方式，十分有趣。

指引我方向的话

我当作座右铭的是安冈正笃老师的"六中观"。这段内容经常指引我方向：

忙中有闲。

苦中有乐。

死中有活。

壶中有天。

意中有人。

腹中有书。

我个人的解读如下：

一、忙中有闲——"忙"这个字表示只要一忙，心就会亡。忙碌时应该不忘休息。即使每天再忙，也应该去类似美术馆的地方走一趟，使心灵获得滋润。

二、苦中有乐——无论多苦，当中仍有乐趣。就算身处险恶境遇中仍有希望。比方说，熬夜工作时，仰望天空看见满天星斗，就会受到吸引。

三、死中有活——所谓"穷则变，变则通"。就算觉得已无起死回生的可能性仍不可以放弃，只要尽力想办法，总会找到突破，换得九死一生。

四、壶中有天——不受到每天忙碌的生活影响，随时都可以另辟自己的一方天地。这也许是个既简单又随处皆有的地方，如星巴克咖啡店等。

五、意中有人——所谓意中的人是指经常摆在心里尊敬的对象。想着这个人一直在注意着自己，言行举止就不能让对方丢脸。

六、腹中有书——意思是你所读的书不能只单纯地传递知识，而是能够告诉你身为人要如何生存等，具有哲学意义。

古语经典固然读来吃力，但看不懂的地方多读几次之后，渐渐地就能够明白意思了，而且还能够学习到生活所需的基本原则。

请各位务必阅读古语经典。

22 "魅力"指标

借由吸收，提高传达力

阅读培养技术与知识、能够自我修养的书，提升品德，才能够逐渐打造出值得他人信赖的自己。这种时候，最重要的就是吸收，然后才是实践。

将学到的事物付诸实践，或留下记录并整理，或告诉其他人自己所受到的启发——每个人实践的方法与做法因人而异。

我推荐这么做的原因在于：比起单纯吸收，把自己学会的事物付诸实践的话，更能加深理解程度。尤其是如果把自己吸收的东西教给其他人，理解程度会加深三倍。

更进一步来说，付诸实践之后，感受也会不同。以我自己来说，我因为写书的关系，读书对我来说便有了不一样的深度，而听到其他人演讲时也产生了同样的效果。

"我真希望自己也能够那样说话。"

"这种说话方式不容易听懂,或许换一种方式就可以了?"

等到我自己要上台演讲了,当初从其他人的演讲中所学到的东西就会比过去多更多。这是因为我产生了"问题意识"。

举例来说,我从二十几岁起就阅读彼得·德鲁克的书,不过现在回想,当时的我只是用眼睛浏览文字而已。我的脑子里虽然清楚,却缺乏真实感,所以说不上是真正了解。

但是,等到我拥有经营者的经验之后,回头去读那些书,就能够明白彼得·德鲁克的杰出之处。等到出现越来越多关于运营方面的问题再重读时,便恍然大悟了。如果我拿着黄色荧光笔画下感同身受的地方,或是有共鸣的重点,大概整本书都会变成黄色。

作者在书里写到自己在失败、成功中感受到的事物、尚未注意到的事物,我读完后会觉得心有戚戚焉。

在其他许多例子上,我也有相同的经验。凡事没有亲身经历的话,就无法了解真正的意义。

不过,我的意思不是说二十几岁阅读彼得·德鲁克就是浪费时间。那时做有那时做的好处。

因为当时即便无法理解，也会开始产生所谓的"问题意识"，这样能够将注意力摆在经营上。我认为也正因为如此，才会有后来的我。

最终极的实践就是教导他人。现在的我在商学院教课，准备授课内容所花的时间大约是我当学生时的三倍。

了解不够透彻的话，就无法以简单明了的方式教导别人，因此，我会反复阅读教材，也会一一确认所有的相关资料。此外，我还会预测学生可能问到的问题并准备资料。

在教导他人的过程中所学到的东西，比自己学习时多出三倍以上。

付诸实践能够加深吸收的内容，并且为下一次实践持续吸收新知识，这个平衡很重要。

工作与生活都需要持续这种循环的经验。这些经验足以促使人成长。

自满的言论是危险信号

电影界泰斗黑泽明导演在获得奥斯卡奖时，被问道："你最杰出的作品是哪一部？"他回答："下一部！"

拥有几十部电影作品，甚至获得奥斯卡奖，然而，即使站在电影世界的顶点上他仍然觉得不满意，期待下次会更好。

这个小故事表现出一流人士极强烈的进取心。到了1990年，黑泽明从颁奖人电影导演史蒂芬·斯皮尔伯格（Steven Allan Spielberg）与乔治·卢卡斯（George Walton Lucas Jr.）手中接下奥斯卡终生成就奖时，他说道："我还没有完全弄懂电影。"

此外，听说国宝级的雕刻家平栉田中在百岁生日前夕，还买了往后三十年所需用到的木材。怎么想都知道他不可能再活三十年。尽管如此，当事人仍然觉得以后还有很长一段路要走。

对一般人来说，如果产生"这样就够了"的想法，这一切就结束了，这将成为一个句点。

自满的言论，代表你对现在的自己感到满足，也代表缺乏上进心。

我在人生道路上曾经遇见过许许多多的前辈，即使他们真的很出色、让我产生想要跟随他们的念头，但是没过多久，这些人也会突然吐露自满的言论。遗憾的是，这个人从此就会停滞在那儿，不会再成长了。

"比起其他前辈，我还差得远。"

能否持续抱有这种谦虚心情，将会大幅影响一个人往后的发展。

Chapter 5

一颗真心，
比万千技巧更能传达到对方心里

—— 你的想法一定能够传达到对方心里

> 怀抱使命时，就会产生强大的力量。
>
> —— 松下幸之助（松下电器创办人）

23 模仿你尊敬的人,提升传达力

演讲时想着乔布斯

"意中有人"是"六中观"之一,意思是将尊敬的人常存于心中。如果你经常提醒自己这个人正注意着你,自然就会抬头挺胸。

身为上班族的我有一位心灵导师,那是我进入日产汽车第二年遇见的上司F先生。我和他在一起工作不到一年时间。F先生是位非常上进也很有实力的人,却完全没有私欲私利,也没有半点想要升官或希望下属觉得自己伟大等想法。

在当时的人事制度下,因为他只有高中文凭,所以只能担任课长的职务,但是在我看来,他比任何一位课长、部长都更有工作能力,也对公司充满了爱。

直到现在,如果我在工作上有烦恼时,仍会经常想着:

"如果找 F 先生商量的话,他会怎么说呢?"
"如果是 F 先生,他会怎么做?"

我总是以此为戒,不希望做出让 F 先生丢脸的行为。

在任何人的工作生涯里,拥有这样一位心灵导师都很重要。

不管是历史人物也好,还是你憧憬成为的领导者也罢,任何人都可以,而且不一定只锁定一个目标。

"我想学习这个人的这个优点。"
"那个人在处理这方面的事情时值得钦佩。"

世界上没有人是十全十美的。所以,撷取并吸收众人的长处即可。

经常有人问我:"岩田先生最尊敬的人是谁?"我总是回答:"可以说没有半个,也可以说有好几百人。"

松下幸之助深信自己是运气好、乔布斯格外讲究细节、坂本龙马拥有构思力与行动力……每个伟人的种种优点,我都想学习。

当然,曾经一起工作的美体小铺创始人安妮塔·罗迪克女爵士（Dame Anita Roddick）、星巴克董事长霍华·舒兹（Howard D. Schultz）也都是了不起的人物。

我曾经有机会近距离听他们两个人演讲，他们真是展现出了绝佳的领导者风范，完全打动了听众的心。他们并不看演讲稿，但说起话来像有魔力一样，充满吸引人的魅力。

他们的风范深深烙印在我的脑海里，所以在担任社长时期，当我需要对员工进行演讲时，也会试着思考："这时候如果是安妮塔·罗迪克的话，她会怎么展现自己？""假如我是霍华·舒兹的话……"

但，我没有成为安妮塔，也不是霍华。

我随时记住他们两位的想法，但也认为我应该用自己的话，带着诚意说出内心真正想要传达给听众的内容。

提到演讲高手，乔布斯也是极负盛名。他在斯坦福大学毕业典礼上的演讲更是闻名世界。

我也曾经受邀返回母校的大学毕业典礼上演讲。站在约八千名毕业生及他们的家人面前讲话，我深感光荣。"今天，我也和乔布斯一样了。"我为此而干劲十足，努力准备着。

我参考他的演讲方式将演说内容归纳成三点，整理出

三大主题:

1. 人生要有使命;
2. 能力越强,责任越大;
3. 不是"to do good",而是"to be good"。

内容虽然与乔布斯完全不同,不过,我反复看了好几次乔布斯演讲的影片,试着模仿他,我提醒自己是在与大学生对话,并且用心投入。

我或许无法说出乔布斯那样感人肺腑的演讲,不过,后来有许多毕业生通过网络告诉我他们"很感动",这些留言让我相信一切都很值得。我也收到许多参加毕业典礼的毕业生家长寄来的道谢信息。

常言道:"学习就是模仿。"在各种场合中,必须将自己融入这个场合之中然后行动。如此一来,你就能够找到该怎么说、该说什么的答案。

我既不是安妮塔·罗迪克,也不是霍华·舒兹或乔布斯,但我渴望学习到他们的态度、想法和风范等。

你不妨也试着将自己想成是你尊敬或想要学习的对象,而他们看起来会是什么模样,你也可以向他们看齐。

说话时，彻底扮演好自己的"角色"

过去我曾在电视上看到某政党党魁在国会里争论不休的场面。那天，这位党魁似乎恰巧身体不适，因此声音很小。

"说话大声一点！"

反对阵营不断叫嚣，于是党魁战战兢兢地说："我身体不舒服，从昨天开始就没有怎么进食了！"

看着他那虚弱的样子，我心想："代表国家的领袖不应该说这种话。"若是站在政党领导人的立场，他应该至少要以"我今天一早就吃了牛排，而且还是三分熟的两大块牛排"这种气势迎接唇枪舌战的场面才对。

身为领导人，即使身体不舒服或是有其他状况，也应该精神饱满地扮演好党魁的角色。

同一时期，同一政党排在第二位的议员在某场早餐会上演讲的活动我也正好参与了。他一开口就这么说："我不擅长在这种地方演讲。"这让我感到十分惊讶。

身为政治家，说话是最重要的工作。政治家的英文是"statesman"，"state"这个动词是"言明"的意思。也就是说，言明自己的想法就是政治家的工作。

这位东京大学毕业的议员在当时应该是下一任党魁人选。他的话或许只是谦虚之词，但也有可能他真的不擅长说话。

问题在于，倘若这些真的是事实，他也不应该说出来。擅长说话与否，大家一听就知道，不需要当成借口。

身为领导人，他就是该做出适当的言行举止。战前实施军备缩减的首相滨口雄幸，尽管身体状况因遭到狙击而大受影响，然而面对在野党提出要他出席国会的要求，他还是力排众议，尽全力站上国会殿堂。可惜的是，他在半年后因此而去世。但我认为现在的政治家应该要学学这样的领袖气概。

这种情况不仅适用于领导者身上。只要进了社会，每个人都应该会扮演着某个角色。社长有社长的角色，课长有课长的角色，店长有店长的角色，每个角色都有其任务。

完美演绎这个角色相当重要。"完美演绎"指的不仅是表面上的模仿，还必须做到本质上的相同。

平常假装对上司或前辈充满敬意，但一喝酒就借酒装疯，不停抱怨。如此一来，之前的一切伪装便瞬间瓦解。

总之，你可以等到回家后再关起门来叹气，但至少在公司或面对上司与下属时，彻底扮演好自己的角色。

我也是如此。担任社长时，我经常提醒自己必须配合角色的特性去行动（当然，实际上能否做到则是另外一回事）。当上社长以后，在其他人面前说话的机会也随之增加。即使有人在这种场合突然抛出一个问题给你，你也应该花上三十秒或一分钟时间好好斟酌答案，不应该贸然回答。

这一点在一开始当然很难，不过，多累积几次"完美演绎"的经验后，你就会逐渐习惯。

扮演"想要成为的自己""适合在那个位置的角色"，总有一天，你的内在也会真正变成那个角色。

后退一步，还是前进一步？

当上日本星巴克的社长之后，我真正体会到这是个很了不起的品牌，因此，我一开始打出的口号是"在一百年之后依旧闪耀"。

但是过了半年左右，一方面因为雷曼兄弟事件的影响，业绩持续下滑。公司内部的人也开始在我背后放冷箭，说："岩田先生，你在搞什么！""我们完全无法了解公司的现状！"

我根据过去身为经营者的经验，在尚未了解状况时，绝不采取快速且粗略的改善措施。业绩持续恶化的情况下，日本星巴克创始人提醒我："请你后退一步听听其他董事的意见。"我感到很意外。即使对过去的做法有疑问，我也总是会耐着性子仔细观察之后，才会有所动作。

一个星期之后，我有机会前往美国西雅图总公司。当时的董事长霍华·舒兹这么对我说："岩田，你应该勇往直前。"

他或许是听到了美国董事的报告："岩田太在乎其他董事的看法了。"我应该后退一步，还是前进一步呢？

霍华·舒兹是典型的领航者，拥有引领众人理想的领导力。

日本创始人则是将每个人都捧在手心里，呵护他们顺利往前游。尽管他在经营上很严厉，不过，对每个人姿态都相当低且温和。

我自己属于哪一种呢？应该算是想要往前冲的类型吧。但身边的董事把我当成新人看待，总让我感觉到束手束脚。

事实上，的确有董事在我下了指示之后也不执行。霍华·舒兹应该是听到这些事情，才会指责我："你缺乏强悍的领导力。"

最后，我找到的答案是"我只能当我自己"。

我无法成为霍华·舒兹那样的领导者，但肚量也没有日本星巴克创始人那么大，能够广纳百川。

我只能够做我自己，拿出自己的诚心诚意。这就是我得到的结论。

尽管态度上必须保持谦逊，我还是决定按照自己的想法进行。我决定这么做，不受到其他人的意见影响。如果不做自己认为对的事，事后一定会后悔。于是我开宗明义地宣示，如果业绩没有增长的话，我会负起责任。或许是巧合吧，没多久业绩就好转了，而且直到我离开之前，业绩仍持续上涨。

任谁都会拿别人与自己做比较，甚至还为此而烦恼不已。然而，即使你再羡慕或嫉妒，也无法变成你比较的那个人。

请以尊敬的人、憧憬的人作为目标，吸收其优点，同时创造自己独有的风格。将心思放在这里，就能够展现出真正的力量。

24 不仅要传达"做什么",还要传达"为什么做"

你的使命是什么?

扮演"想成为什么样的人""适合该场合的角色"……即使这样想,有时也会很迷惘或失去自信吧。

这种时候,比起该做什么,更重要的是回归到你为什么要这么做的本质上,思考现在做这件事情的意义是什么,这才是重点。

别只顾着思考未来,试着想想此刻在眼前发生的事情,对自己的人生具有什么样的意义。

"我是为了什么而生?"

"人生的使命是什么?"

有时也应该回归到这些问题上来思考答案。

采取任何行动时，如果以自己的标准判断之后觉得没问题，就带着自信前进吧，拥有这样的自信，说起话来也更具说服力。

开口说话若缺乏自信的话，就无法获得他人信任或说服任何人，更无法传达自己的本意。你说的话必须是自己深信不疑的，否则要如何说服对方？这就是沟通的本质。

星巴克没有服务准则，只有一句话："Just Say Yes！"（无论什么都说好。）这句话代表着"只要不违反道德、法律、伦理，能够让客人开心的事情，我们都愿意为他们而做"。

星巴克的文化是"不是思考要做什么，而是思考为什么要做"。如果不去想"为什么"，只是想着该做"什么"，当客人想要菜单上没有的商品时，店员就应付不来了。

如果将接待客人的所有范例都写成员工守则的话，这份员工守则将会出奇的厚，而且还无法囊括所有内容。但如果你了解到，重点是"重视客人""招待客人"，即使遇到了意想不到的情况，员工也能够自行想出解决办法。

重点不是该做"什么"，而是"为什么"要做。

工作上总会面临各种情况或难题。有时一时之间很难做出判断，而有些情况也无法一一找上司商量或报告。这时请想想自己的使命，想想为什么要做，遭遇到困难时，也能够当场判断什么才是最重要的。

自己是上司，给予下属任何指示时，必须确实告知"为什么"要做这件事，让下属了解并分享这项工作的意义、目的、使命，事后便能全权交予下属处理。

超越教科书极限的"超凡服务"

管理学的发明人彼得·德鲁克在书中曾经以这句话介绍早期的基督教教会："本质上一致，行动上自由，一切端靠信赖。"这句话恰好是我刚当上日本星巴克的社长时所读到的。

我当时心想："这句话简直就是为了星巴克而存在。"并且我通过公司内部的群组信向众人说明："我希望遵照此方针进行。"

本质上来说，能够让众人拥有共同的使命，就无须制定规则，让大家自由行动，每个人只要按照自己的方法进行就好，但大前提是必须彼此互相信任。

我们不可能知道每个人在做某件事情背后的动机或理由。若是缺乏信任，对于他人的行动就会产生"那家伙为什么要做那种事"的质疑。但如果彼此互相信任，"采取这样的行动一定有他的道理吧"，也就不会持任何怀疑。

以下纯属我个人的推测。

过去的生活不像现在如此方便，基督教为了传教，派出传教士前往世界各地，他们所做的每件事不可能一一等待指示，因此，被赋予能够自由行动的权力以达成使命。而前提是每个人必须互相信赖，所以他们会派出值得信赖的传教士。

这点也与《论语》中的"民可使由之，不可使知之"道理相同。由于我们没办法让百姓能够全盘了解（领导者的想法或背景等），因此，就必须得到他们的信赖。

由于我们无法百分之百相信执行者，才会创造出规则。然而，这个社会在不断改变、进步，没有一本完美的教科书能够应付所有时空背景下的规则。

而本质上一致的使命（不是做"什么"，而是"为什么"要做）若能共享并得到互信的话，就不需要数项规则了。你能够取得自行应付各种情况、做出判断并行动的自由。

这里有个最具代表性的小故事。

星巴克的常客之中，有一位是患有严重心脏病的女高中生。她决定前往美国动手术时向父亲提出了这样的要求：

她在日本的最后一餐，希望能吃到最爱的星巴克肉桂卷，而且还需要是"刚出炉的"。

但是她出发的时间是在清晨，那个时间星巴克还没有开始营业。这位父亲一心想要达成女儿的心愿，所以在明知不可能的情况下，还是到店里商量。

结果隔天早上，在他们两人出发之际，一位星巴克的工作人员面带笑容等着他们，怀里抱着装有刚出炉的肉桂卷与温馨字条的袋子……

身为社长的我因为收到这位父亲的感谢信，才知道整件事的来龙去脉。

在非营业时间出售商品进行金钱交易，这点很明显违反了公司规定。包括工读生在内，星巴克拥有超过两万名员工与一千家以上的店铺，属于大型的国际连锁企业。规模如此庞大的企业，如果不断出现不守规矩的员工，将会很难管理。

因此，身为日本星巴克社长的我必须说明："她所做的事情是错的。我们禁止在非营业时间提供服务。上司必须对该名员工提出告诫。"

不过，我将这件事情通过晨会报告给总公司，并利用公司内部群组信件通知各分店的员工时，则说明她所做的事情是"符合星巴克精神的待客方式"。

她所做的事符合星巴克的使命:"让每个人心灵丰富且充满活力——就从一位客人、一杯咖啡及一个交流开始",所以没有任何错误。

一般来说,无论客人如何拜托,员工都不应该违反规定,做出会遭到公司处罚的行为。

每个人都该按照标准作业流程来行动。

不过,这位工作人员却相信:"正因为是星巴克,就一定能够了解并认同我的做法。因为星巴克有比规则更重要的东西。"于是采取了这样的行动。她的行为正是出自于她与公司之间的互信关系。

身为社长,的确不适合讲明我希望各位和她一样做出违反工作规范的事情。再者,公司也没有规定"可在营业时间以外自由快递商品",而且星巴克不提供快递服务。如果整家店都要答应客人的要求而提供外送服务,店里实在没有多余的人手。

尽管如此,我还是当着所有人的面称赞了她的行动。因为我相信众人会自行判断情况,做出最正确的决定。

为什么要从事这份工作?这是一份工作当中最重要的一个环节。

多数人在工作时都不曾思考过最重要的"本质",只在意上司和阅读工作说明书。这样是不对的。你要面对的对象,应该在其他地方。

不是要做"什么",而是"为什么"要做。

对于工作感到迷惘时,请务必回到这个初衷好好思考一番。能够厘清这一点的人,才能在职场上获得长足的进步。

25 "使命感"激发共鸣,对方更愿意帮你

一百张名片比不上与一个人深入交谈

与他人的缘分,如同得到一个机会。

即使遇到相同对象,有的人只是擦肩而过,有的人却因为这样的缘分而成为一辈子的朋友,更有些人善用这种缘分大幅提升自我。这全都取决于自己的心态。

当机会来临时,你是否具备能够发现机会的敏锐度?平日是否做足了努力与准备,来抓住这个机会?

为此,我们平常就必须经常自我磨炼,让自己更快成长。我们必须珍惜难得的机会,珍惜与每个人的缘分。

但是,**"珍惜与他人的缘分"**并非只是去认识更多的人。

有些人喜欢参加各种读书会或交流会,收集许多名片,我不认为这是真正的"缘分"。

我也受邀参加过这类聚会，与许多人交换过名片，但是到了隔天，我几乎记不得这些人。

与其收集一百张名片，不如与自己感兴趣的对象深入交流一番。

追本溯源，为什么要认识其他人呢？因为我们期待能向对方学习、接受刺激、获得成长的粮食。为了达到这个目的，就必须有某些程度的交往，否则无法更深入地了解对方。只是交换名片，一点意义也没有。

对方也一样。人际关系就是一种"施与受"。单方面只拿不给的人，没有人会想与他认识。

经常有各式各样的人上门拜访我，一旦让我感受到这个人"只想利用我"，我便会拒绝再次与他来往。但也有些例外：

"我希望通过这个事业帮助有困难的人，想向您请教方法。"

"我希望让社会变得更好，您能否帮助我？"

如果是像这样充满热情的请求，我会乐意去倾听。

促使我产生想要帮助对方的想法，必须是这个人拥有

"想要帮助他人""想要让世界更美好"的态度，或是我与对方的想法产生了共鸣。

"我想要变得更有钱""我想要出名，让目前的公司更加壮大"诸如此类的话听了之后，我相信不会有人想要出手帮忙。

前不久，有人找我商量有关创业的事情。

对方打算从事能够早期发现癌症的相关事业。据说，癌症患者会散发出特有的气味，只要利用嗅觉灵敏的狗便能嗅出这样的味道，如此一来，就能够帮助潜在病患在癌症早期获得治疗。

听到这件事后，如果他的动机只是"希望推广新领域的股票上市，进而赚大钱"的话，我不会想要帮忙。

"我希望能够帮助更多人及早发现自己的健康问题，避免和我一样要面对亲人罹患癌症的痛苦，所以希望能够推广早期发现癌症的事业。您是否愿意协助我呢？"

如果是这样的话，我想我一定乐意帮忙，因为他的动机中存在强烈的"为了让世界更美好"愿望，我相信每个人都会愿意帮忙的。

就算是从事对社会有益的事业，还是必须要有一定的获利。不管做的是多么好的善事，如果财务报表是赤字的话，公司便无法存活。

但获利不该是"目的"，而是"手段"。

那么，基于什么目的必须获利，也与企业的存续使命有关。

因此，重点不在于做"什么"，而是在于"为什么"要做。然后，**必须具备让所有人共享这项使命的"传递力量"。**

领导者必须将"使命"传达给众人。"既然这个人这么说了，我也要一起好好奋斗才行！"

为了让其他人产生这样的使命感，传递信息的人必须具备优良品德，否则便无法建立达成使命所需的强烈信赖关系。

与有"德"的人交往，而非有"得"的人

经常有人说，看看一个人的"书柜"就能够了解他。同样，观察一个人的交友状况也能够了解他是什么样的人物。

老是在抱怨的人多半会与负面的人凑在一起；积极向上的人，四周则是聚集着同样正面的人。

话虽如此，在一开始可能没办法对一个人了解这么多，

必须一起经历过一些事。心里如果对这个人产生了"道不同不相为谋"的念头，就应该如第二章所提到的——敬而远之。

相反，自己如果只注意对方的地位或考虑自身利益，也容易被对方看穿，因而对你只是敷衍了事，甚至反过来利用你。

我认为应该尽量与胸怀大志、能够相互成长的人往来。

"这个人如此上进努力，我也该加油才行！"

双方都能够给予对方正面的刺激，进而达成正向循环的作用。

只想到得失的"得"之人，时间久了，就不会有人想与他往来，而与有**"德"之人往来，自己便能从他身上学到许多，又如果对方是有"情"之人，我也会带着"情"与之相处。**

最近，我与某位基金投资公司的经营者变成好友。由于金融产业从业人员一般给人的印象是利益至上主义者，我也因为先入为主的观念，一开始是带着"有色眼光"审视对方。

刚开始认识时，他是为了创立某家公司的投资委托而来。后来公司虽然没能成立，不过，我和他却十分聊得来。

这位经营者在投资界成功之后，转而担任商学院的教授，协助新创企业，将过去累积的财富与知识反馈给社会。

他来拜访我时对我说："我们无法负担太多演讲费，但您是否愿意以较低的收费为学生演讲？"我当下就答应了。

不管是什么内容，只要是他开口拜托，我都会无条件帮忙。他不是因为在事业上的成功而让人景仰，是因为具备"情"与"德"等值得信赖的品德而受到敬重。

我见识过各行各业的成功人士，总不外乎是个性好的人，也就是有"情"有"德"的人。他们的成功，不是因为拥有地位、名誉或财富，而是能够在该行业长期活跃，受人敬重。

我也希望自己能够成为这样的人。

比起事业有成却有性格问题的人，我更想成为朴实却让人刮目相看的人。

26　拥有相同目标的人，将创造出强大的力量

重点在于过程

到了本书最后，我想跟各位谈谈我对于"成功"的看法。

"一个人能够成长多少？"这就是成功的尺度。

所谓成功，并非结果，而是过程。

奥运选手的终极目标都是获得金牌，但并不是每个人都能够得到金牌。对于高中棒球选手来说，甲子园[1]也是如此。

能够参加奥运或打进甲子园并非成功，制定远大的目标，与伙伴一同奋斗的过程，才是人生的财富与粮食。

---

[1] 甲子园：阪神甲子园球场，位于日本兵库县西宫市甲子园町的著名棒球场，一般简称为"甲子园球场"或"甲子园"。

过程比什么都崇高，而不是结果。

在学生时代的好朋友当中，我发现埋首苦干且个性好的人，后来的成就往往比当初只是成绩好的人更出色。

能够将自己提升到什么程度？自我修养如何成为"to be good"？

通过这样的意志力朝着自己的理想努力奋斗、精进所长，我认为这就是人生的成功。

如果付出与努力的结果是得到社会地位、名誉、财富的话，当然十分美好，我由衷地为此而鼓掌。

但是请务必切记，仅有这些社会地位、名誉与财富，仍称不上成功。因为人们总是容易因为这样而就此停滞，就再也没有任何成长，所以不能以此作为成功的标准。

即使只有自己一人，仍坚持做着自己认为对的事，为社会贡献一己之力；或与拥有相同使命感的好伙伴组队朝着目标前进——这个过程才是人生最大的成功。

为了实现"人生的使命"

我已经超过五十五岁了。待在一线工作的时间还有十年，因此，我思考着接下来的十年该如何运用。

到星巴克时期为止，我都是一位经营者，最近的几年则是写书和演讲。在大学商学院教课、培养下一代领导者，是我现在的工作重心。

下一个十年，我会再度回归成为经营者吗？或是像现在一样继续写作和演讲？或是成为教育家，与年轻人分享自己的经验？

基本上，我考虑把重心转移到培养领导者这件事情上，但这种事情不是我自己就能够决定的。我希望能顺着时代潮流，就算时代不断转变，也能始终如一地对眼前事物全力付出。

记得我刚从大学毕业、进入日产汽车公司时，最大的希望就是当上日产汽车的社长。后来，我担任了三家企业的社长，现在则是一边培养管理顾问与行政人才，同时协助几家公司的经营者改善公司现状。

如果能够将自己一路走来的经验告诉年轻人，多培养出几位优秀的经营者，我认为这是一份对社会十分有意义的工作。

对于现在的我来说，我的终极使命就是"留下人才"。

比起能够变得多么伟大、留下多少财富，我更在乎能够留下多少人才、培养多少人才。

美国惠普公司的共同创始人威廉·休利特（William

Hewlett）曾经说过："回顾我的人生，最自豪的就是我的价值观、惯性、成功，是这些形成一股力量，因而创立了能带给全球企业大幅影响的公司。然后，在我过世之后，仍会留下一家能够持续成长的模范公司，这就是我人生最骄傲的事。"（源自《How the Mighty Fall》詹姆斯·柯林斯，日经BP社）

惠普创始人过世后，公司并没有因此倒闭或结束，而是到目前为止仍然能够持续稳健地经营，这才是最高荣耀。我由衷地能够理解他的想法。

而我自己也正处于实践使命的过程之中。

我与年轻人一起思考领导者该有的姿态，同时也成为自己的领袖，持续"领导自己"。

领导自己——自己必须成为自己的领袖。我在前面不断提到："生而为人，情与德很重要。"但我也有欲望，也经常会有懦弱的时候。这种无须与"私欲"对抗的状态，就是"to be good"。

孔子也曾经说过："七十而从心所欲，不逾矩。"不到七十岁，无法达到那个境界。或许身为"普通大叔"的我，一辈子也无法达到那个境界。

尽管如此，我依然相信达成使命很重要，过程更重要。

我正视自己的使命，如果期许今后也能够持续成长的话，或许会拥有一个"辛苦却美好的人生"。

你应该也要拥有自己的目标、自己的使命。为了实现，你还必须拥有"值得信赖的伙伴"。

人类是群居动物无法独自生活。与其他人沟通出现问题时、有烦恼时，想想本书提到的内容，或许会派上用场。若真能帮助你，本人甚感荣幸。

让我们一同朝着"to be good"而努力吧。

感谢各位阅读到最后。

图书在版编目（CIP）数据

秒懂传达力/（日）岩田松雄著；刘格安，黄薇嫔译.—北京：北京日报出版社，2020.12
ISBN 978-7-5477-3810-8

Ⅰ.①秒… Ⅱ.①岩… ②刘… ③黄… Ⅲ.①人际关系学－通俗读物 Ⅳ.①C912.11

中国版本图书馆CIP数据核字(2020)第189699号
著作权合同登记 图字：01-2020-5945号

Original Japanese title: "JYOU" TO "RI" HANASHIKATA NO HOUSOKU
Copyright © 2014 Matsuo Iwata
Original Japanese edition published by Mikasa-Shobo Publishers Co., Ltd.
Simplified Chinese translation rights arranged with Mikasa-Shobo Publishers Co., Ltd.
through The English Agency (Japan) Ltd. and Eric Yang Agency

秒懂传达力

责任编辑：	史　琴
助理编辑：	秦　姚
作　　者：	[日]岩田松雄
译　　者：	刘格安　黄薇嫔
监　　制：	黄　利　万　夏
特约编辑：	曹莉丽　孙　建　贾　方
营销支持：	曹莉丽
版权支持：	王秀荣
装帧设计：	紫图装帧
出版发行：	北京日报出版社
地　　址：	北京市东城区东单三条8-16号东方广场东配楼四层
邮　　编：	100005
电　　话：	发行部：(010) 65255876
	总编室：(010) 65252135
印　　刷：	天津中印联印务有限公司
经　　销：	各地新华书店
版　　次：	2020年12月第1版
	2020年12月第1次印刷
开　　本：	880毫米×1230毫米　1/32
印　　张：	6.25
字　　数：	108千字
定　　价：	49.90元

版权所有，侵权必究，未经许可，不得转载